Agradecimientos

Este libro no hubiera sido posible sin la colaboración de mucha gente que compartió su experiencia y conocimientos conmigo. He hablado con muchos latinos que buscaban trabajo y latinos que lo encontraron; con ejecutivos de agencias de empleo y con directores de recursos humanos tanto de grandes empresas como de firmas más pequeñas; con dueños de compañías, con consultores en centros de empleo estatales y con organizaciones sin fines de lucro. A todos ellos les estoy enormemente agradecida.

A Susan Landon, mi amiga, le agradezco especialmente por haber leído mi primer manuscrito con gran paciencia y cariño y por haberme dado su valiosa opinión.

A Arturo Poire, le agradezco haberse reunido conmigo y revisado mi manuscrito. Su feedback fue invaluable.

A Dianne Wheeler, mi editora, le agradezco la oportunidad de convertir este libro en una realidad y por su apoyo durante todo el proceso.

A Rolando Goldstein, le agradezco por acompañarme en la realización de este libro.

Sumario

Introducción

Mi experiencia como inmigrante es similar a la de la mayoría de los inmigrantes. Hace diecisiete años llegué por primera vez a los Estados Unidos como turista. Después de varias semanas me ofrecieron un trabajo en una compañía distribuidora de libros bilingües y tuve tanta suerte que me patrocinaron para una visa H-1B. Sin embargo, el camino no fue tan fácil como podría parecer. Pasé varios años con miedo a no tener nunca mis papeles. Finalmente, recibí mi tarjeta de residencia (green card) en una de las primeras loterías de Tarjetas de Residencia del programa de Visas de Diversificación. Cinco años más tarde me hice ciudadana norteamericana.

Además del dueño, yo era la única empleada en la distribuidora de libros. Hice de todo: desde empacar y despachar cajas de mercaderías hasta preparar facturas y vender libros en las escuelas de algunas de las áreas más pobres de la ciudad de Nueva York. Con el tiempo, la situación de la compañía desmejoró, acercándose a la quiebra. En ese momento mi socio y yo la compramos y en pocos años logramos convertirla en una empresa que operaba por valor de un millón de dólares. Durante mis años allí, entrevisté a muchos latinos para diversos puestos, desde ayudantes de depósitos hasta representantes de servicio al cliente y consultores educativos. Me di cuenta que para que la gente logre obtener trabajo satisfactoriamente en los Estados Unidos, necesitaba ayuda en muchas áreas.

Hace unos años vendí mis acciones en la distribuidora de libros y empecé a dar cursos instructivos, uno de los cuales era "Como conseguir trabajo". La mayoría de mis estudiantes no hablaba inglés. Muchos de ellos eran indocumentados. Una vez más me di cuenta de que necesitaban mucho más que un curso corto. Necesitaban un recurso informativo al cual pudieran consultar constantemente.

Entonces escribí este libro teniendo en mente a la primera generación de inmigrantes de habla hispana. Lo escribí para una amplia gama de gente que busca trabajo: desde los que llegaron a los Estados Unidos hace muchos años y están listos para buscar un puesto mejor hasta inmigrantes recientes; desde personas que no tienen título universitario hasta aquellos que tienen títulos de post grado. Por supuesto que tratar de llegar a semejante variedad de lectores tiene sus complicaciones. Encontrará que alguna información no corresponde a su situación específica. Le recomiendo que lea y use lo que le resulte útil para su caso en particular.

Es importante que sepa que ésta *no es la traducción de un libro en inglés*; es un libro escrito tomando *sus* necesidades en consideración. Hay procedimientos, expectativas, códigos, costumbres, leyes, incluso preguntas que son típicas del proceso norteamericano de búsqueda de trabajo que tal vez no sean típicas en su país. También hay ciertas barreras relacionadas con su habilidad idiomática, con su cultura y con sus documentos de trabajo que deberá superar.

A lo largo de este libro he mantenido en inglés los nombres de organizaciones o departamentos gubernamentales para que los reconozca cuando los encuentre en su búsqueda laboral. También están traducidos cuando es apropiado.

Capítulo 1

Para Empezar

Nunca es fácil buscar trabajo. Naturalmente existen una serie de temores que debemos vencer. Sin embargo, en general los inmigrantes tienen una serie de miedos adicionales. Fíjese en la siguiente lista. ¿Se identifica con alguno de estos temores? Son los que surgen cada vez que le pregunto a un latino o latina "¿Cuáles son sus temores cuando busca trabajo?"

"No hablo bien inglés."

La mayoría de los inmigrantes que llegan a los Estados Unidos no hablan inglés. De manera que le sugiero que averigüe HOY MISMO adónde enseñan inglés como segundo idioma (ESL por sus siglas en inglés) cerca de su casa y se anote. Los lugares más apropiados para averiguar sobre estos cursos son: las bibliotecas públicas, las escuelas secundarias locales, iglesias y centros comunitarios. A menudo estas clases son gratuitas, por lo general, se dictan en horarios convenientes ya sea de noche o los fines de semana. Es EXTREMADA-MENTE importante que aprenda inglés lo antes posible. No sólo abrirá muchas puertas sino que es uno de los factores elementales para estar en igualdad de condiciones con respecto a los norteamericanos buscan trabajo. El inglés y la educación son los dos elementos claves que lo ayudarán a lograr sus objetivos. Si desea averiguar información a través del Internet, en este sitio encontrará una lista de bibliotecas públicas que ofrecen información en español: **www.reforma.org/spanishwebsites.htm.**

"No tengo papeles de trabajo."

A pesar de que en los últimos años se ha hecho más difícil conseguir permisos de trabajo, muchos inmigrantes encuentran la manera de resolver este problema con la ayuda de un buen abogado. (En la American Immigration Lawyers Association puede conseguir un abogado en su área: **www.aila.org** o llame al 800-954-0254.) Es importante no ignorar el tema porque no se va a resolver solo. Mientras tanto, sus prioridades deberían ser aprender inglés y mejorar su preparación educativa. Si quiere trabajar en algún oficio en particular, tome cursos en una universidad municipal o averigüe sobre los programas de entrenamiento para aprendices que ofrece cada estado. No espere a tener sus papeles para estudiar; aproveche ese tiempo para recibir la educación que necesita. Manténgase al tanto de los requisitos inmigratorios visitando el sitio del Servicio de Inmigración de los Estados Unidos: **http://uscis.gov.**

"Solamente terminé la escuela primaria."

Averigüe adónde puede tomar un curso de preparación para tomar el examen del GED, o sea el diploma de equivalencia de la escuela secundaria. Si no terminó la escuela secundaria en su país necesitará este certificado para conseguir un buen empleo.

"Nunca hice este tipo de trabajo."

Muchos inmigrantes tenían diferentes trabajos o profesiones en su país de origen. Al principio, tal vez tenga que hacer trabajos que no le agraden. A medida que aprenda inglés y reciba la educación que necesita (o después que revalide su título profesional) mejorarán sus oportunidades. En los Estados Unidos, a diferencia de lo que ocurre en muchos países latinoamericanos, a la gente no le avergüenza trabajar en un empleo que tal vez no sea el apropiado con su capacidad.

"Tengo temor de ir a la entrevista y además no saber cómo contestar algunas preguntas."

En este libro encontrará muchas de las preguntas que comúnmente se hacen en una entrevista de trabajo. Hay muchas otras que se relacionan con su experiencia laboral particular y que deberá averiguarlas con la ayuda de este libro. Aquí, también encontrará información sobre cómo comportarse y cómo vestirse y algunas de las preguntas que pueden hacerle. ¡La mejor cura para sus nervios es que se prepare!

"No tengo auto."

La mayoría de las zonas urbanas tienen un buen sistema de transporte público. Llame a la biblioteca pública y averigüe adónde puede conseguir un horario de autobuses, trenes y subterráneos. Si la biblioteca no los tiene, alguien allí le va a orientar.

Es muy ventajoso que aprenda a conducir y que obtenga una licencia de conducir. En los Estados Unidos éste es uno de los documentos más importantes que usted debe tener. Algunos estados se están poniendo más estrictos con los documentos que se necesitan para obtener la licencia: su número de seguro social y un documento que demuestre que usted está legalmente en el país, como un pasaporte o una tarjeta de residencia (green card). Sin embargo, en algunos estados puede llegar a conseguir su licencia de conducir presentando lo siguiente: 1) una carta de la Administración del Seguro Social diciendo que usted no tiene derecho a recibir un número de seguro social. Esto se llama carta de rechazo o "refusal letter" en inglés y 2) un pasaporte válido con una visa válida y un *1-94* o *I-94 W* adjuntos.

Algunos estados exigen que su *I-94* haya sido expedida por un cierto período de tiempo (por ejemplo en New York es un año) y que le quede una cierta cantidad de tiempo en la misma antes de que se venza (por ejemplo en New York le deben quedar seis meses). Cada estado tiene requisitos diferentes. Póngase en contacto con su Departamento Automotor (Motor Vehicle Department) para averiguar los requisitos específicos. En **www.dmvoline.com** puede encontrar la lista de localidades.

"No tengo un currículo y no sé cómo preparar uno."

Cuando compró este libro encontró la ayuda que necesitaba. Adicionalmente, podrá encontrar asistencia para escribir su currículo (résumé) en universidades municipales, en la biblioteca pública, en organizaciones comunitarias y en centros de empleo patrocinados por el gobierno.

"No sé usar la computadora."
En esta época, las computadoras son parte integral de todo negocio. Aunque tal vez no elija trabajar con ellas, en su empleo pueden requerirle que tenga un conocimiento básico de computación. En general, los puestos administrativos exigen que sepa usar todos los programas de Microsoft Office. Quiere decir que si desea trabajar en una oficina, tendrá que ir más allá de lo básico y aprender: Word, Outlook, Excel, y si puede, PowerPoint y Access. Además debe saber navegar el Internet. Puede aprender a navegar en español en: **http://learnthenet/spanish/index.html**.

Hay una gran cantidad de clases no tan caras y cursos gratuitos para aprender computación. Los puede encontrar en las universidades municipales, escuelas secundarias, bibliotecas y organizaciones sin fines de lucro de la comunidad, así como en el periódico local y las carteleras comunitarias en el supermercado. Por todo el país hay programas del gobierno para el desarrollo de la fuerza laboral y de entrenamiento laboral. Visite el sitio de America's Career InfoNet para obtener más información: **www.acinet.org**.

Ser Bilingüe Debe ser Uno de Sus Fuertes
No me cansaré de recordarle que una de las claves para tener éxito en este país es aprender inglés. Mucha gente pasa años aquí sin hacerse el tiempo de tomar clases de inglés. A veces no sienten la necesidad porque trabajan con personas que hablan español. Pero la verdad es que están limitando sus oportunidades. Muchas personas trabajan en puestos que están por debajo de su capacidad simplemente porque no hablan bien inglés. Es más,

hasta tienen miedo de presentar una solicitud para el puesto que realmente les interesa.

Lamentablemente, es una realidad que algunos empleadores consideran que la gente que tiene poco dominio del idioma es menos inteligente de lo que tal vez sea. En muchos casos, los empleadores no pueden determinar si el posible empleado es una persona educada ya que ésta no puede comunicar su conocimiento. Por eso, casi siempre la forma en la que uno se expresa es más importante que el contenido de lo que dice.

Tenga presente que las personas que tienen la habilidad de comunicarse con claridad y de expresar sus ideas con efectividad son las que tienen las mejores oportunidades de éxito. Por ende, no podrá ascender a puestos de mayor responsabilidad y liderazgo hasta que no aprenda a usar el idioma para persuadir a los otros de que lo sigan. Asimismo, mientras no aprenda el idioma, corre el riesgo de que se aprovechen de usted.

Considere que ser bilingüe le abrirá una gran cantidad de oportunidades laborales. Dado que los latinos son la primera minoría en los Estados Unidos, hay una necesidad cada vez mayor de personas bilingües. Para aprovechar al máximo las ofertas de trabajo no sólo debe lograr un dominio del inglés en todas sus formas sino que debe asegurarse de que habla el español a la perfección. Si le falta pulir el español o si puede hablarlo pero no escribirlo, tome cursos de perfeccionamiento. Muchos reclutadores de empleos me han dicho que cuando contratan gerentes de ascendencia hispana quieren que éstos se puedan comunicar bien con sus subordinados latinos.

Organícese

Antes de empezar, quiero ayudarlo para que pueda organizarse. Estar organizado es tan importante como tener un buen currículo (résumé). Seguro que no va a querer perderse un trabajo por haber perdido el nombre de un contacto o por no mencionar quién le dio la referencia o porque se olvidó de ir a una cita.

Va a necesitar lo siguiente.

■ Una *agenda* (electrónica o de papel) donde pueda darle seguimiento a las llamadas telefónicas, a las citas que haga y a los currículos que mande.

■ Un *teléfono* al que tenga acceso directo o un teléfono celular en el que le puedan dejar mensajes. (No confíe en que nadie en su casa le tome mensajes.)

■ Una *tarjeta telefónica*, si piensa que va a hacer llamados desde un teléfono público. (Al prepagar el valor de la tarjeta—$5, $10, etc.—puede hacer una gran cantidad de llamadas sin tener que preocuparse por tener cambio.)

■ Una *computadora* con acceso a Internet. Sin embargo, no es suficiente conque tenga una computadora si está en el escritorio juntando polvo o si sus hijos son los únicos que la usan. Averigüe a dónde puede tomar un curso para aprender a usar los programas más importantes. (Si no tiene una computadora, puede usar las de la biblioteca o las de un One Stop Center cerca de su casa. Estos son centros gubernamentales que ayudan a conseguir empleo.) La computadora le permitirá escribir sus cartas de presentación y currículos y modificarlos fácilmente para dirigirlos a cada trabajo en particular. Le ahorrará mucho tiempo y le dará un aspecto profesional a sus materiales.

■ Una *impresora*. Puede conseguir una buena impresora "ink jet" por $150.

■ Su propia *dirección de correo electrónico* para que la gente lo pueda contactar con facilidad. Para obtener una dirección gratuita, vaya a: **www.hotmail.com** o a **www.yahoo.com** y abra una cuenta.

■ Acceso a un *fax*. Muchos empleadores le pedirán que envíe su currículo por fax para que puedan digitalizarlo, (o sea pasarlo por el escáner). Si no tiene uno, busque un local de *Kinko's, Staples, Office Max* u otra librería comercial cerca de su casa. Otra posibilidad es usar el fax en un One Stop Center o en una agencia sin fines de lucro que se especialice en dar asistencia a los individuos que buscan trabajo.

■ Varios formularios que lo ayuden a dar seguimiento a las actividades que emprende durante su búsqueda de empleo. (Vea los ejemplos a continuación.)

Todas las mañanas, antes de empezar a hacer llamados, vístase bien como si fuera a trabajar; cepíllese los dientes, péinese, póngase un poco de perfume, prepárese una taza de café. Este sencillo ritual le dará confianza y esa confianza se transmitirá en su voz.

ATENCIÓN:

¡Nunca coma, beba, masque chicle ni fume mientras habla por teléfono!

Diario de su Búsqueda de Trabajo

Este diario registra la información de cada llamada telefónica que usted hace. Para hacer un seguimiento eficiente, mantenga también un calendario donde anota las fechas de citas y llamados futuros.

Fecha en que llamé: _____

Nombre de la compañía: _____

Nombre del contacto: _____

Compañía o agencia: _____

Nombre de la persona que me dio el contacto: _____

_____

Comentarios: _____

_____

_____

Pasos para el seguimiento: _____

_____

_____

Fecha para volver a llamar (ponerla en el calendario bajo la fecha correspondiente): _____

_____

_____

Fecha de la entrevista (ponerla en el calendario bajo la fecha correspondiente): _____

_____

_____

Fecha del segundo llamado: _____

Comentarios: _____

_____

_____

Pasos para el seguimiento: _____

_____

_____

Fecha del tercer llamado: _____

Comentarios: _____

_____

_____

Pasos para el seguimiento: _____

_____

_____

Antes de hacer un llamado telefónico, anote el nombre de la persona con la que desea hablar (nombre del contacto), el nombre de la compañía y el teléfono. También debe anotar quién le dio el nombre del contacto para poder mencionar a esa persona.

Es importante que antes de hacer un llamado piense: ¿Qué va a decir? ¿Cuál es el objetivo del llamado: conseguir una cita, conseguir el nombre de la persona que está entrevistando o conseguir la dirección a la cual debe enviar su currículo (résumé)? Si está nervioso, practique en voz alta varias veces antes de discar. Una vez que haga el llamado, complete lo que sucedió en su Diario de Búsqueda de Trabajo bajo *Comentarios* y luego anote cuáles son los *Pasos para el seguimiento* (por ejemplo, hablar con otra persona, enviar su currículo o llamar en una semana.) Si le piden que llame otra vez, anote en el calendario la fecha en la que debe llamar. Haga lo mismo si le dieron una entrevista. La próxima vez que llame, anote la fecha y los detalles del llamado en la sección siguiente del formulario.

Diario Mensual

Lo mejor para tener sus citas a la vista, es un calendario de escritorio donde pueda ver el mes completo. Puede prepararlo usted mismo siguiendo el formato de un calendario mensual y dejando suficiente espacio para tomar notas. Recuerde: después de cada conversación telefónica anote en la fecha en que debe volver a llamar el nombre de la persona, la compañía, y el número de teléfono. También anote en este calendario las fechas de futuras entrevistas.

Lista de Actividades

Buscar trabajo es un trabajo en sí mismo y si no se organiza se puede desmoralizar rápidamente. Para ser más productivo, le sugiero que todas las mañanas cuando se siente en su escritorio, prepare una lista de las actividades que debe cumplir. Anote los nombres de las empresas a las que debe llamar, la gente a la que le debe mandar currículos, las entrevistas a las que debe ir y luego póngalas en orden de importancia. A medida que va cumpliendo las actividades, puede ir tachándolas de la lista.

Ejemplo:

■ Llamar al Sr. Richard Jordan de Comidas Pato Loco 314-400-9090.

■ Enviar currículo y carta adjunta (cover letter) a: Jillian Smith de Alfombras Walden a Susan Sanders de Alpatec Inc.

■ Llamar por el aviso del Pennysaver®.

■ Investigar Kraft General Foods para la entrevista de la semana próxima.

Recursos Locales

Sin duda, lo primero que debe hacer es familiarizarse con los servicios de su comunidad. En este país hay una gran cantidad de organizaciones que le ayudarán a lo largo del camino. Muchas de ellas ofrecen sus servicios gratis.

Visite la biblioteca pública y pida un directorio de las organizaciones sin fines de lucro locales. Si la biblioteca tiene acceso a Internet puede visitar los sitios en línea y ver qué servicios ofrecen. Busque aquellas que puede consultar sobre trabajo, vivienda, inmigración, educación, etc. También busque iglesias o sinagogas que orienten a hispanos.

Una vez que averigüe cuáles son las organizaciones sin fines de lucro en su vecindario, visítelas. Familiarícese con sus servicios. Tal vez decida ofrecerse como voluntario. Es una buena manera de establecer conexiones en la comunidad.

Agencias de Empleo Federales

Hay varios servicios patrocinados por el gobierno que es importante conocer. Por ejemplo, el *Servicio de Empleo Federal*, a veces llamado *Job Service* (*Servicio Laboral*) en colaboración con el *Departamento de Trabajo* mantiene una base de datos acerca de puestos de trabajo disponibles a nivel nacional. Esta base de datos también incluye una lista de requisitos educativos y una lista de centros de recursos locales para carreras. Estos centros son agencias de empleo del estado. Puede obtener información en el sitio de *CareerOneStop*: **www.CareerOneStop.org** o por teléfono al: 877-348-0502.

CareerOneStop consiste de tres recursos independientes para carreras: 1) *America's Job Bank (Bolsa de Trabajo de los Estados Unidos)* **www.ajb.org** le permite: hacer búsquedas en una base de datos que contiene más de un millón de puestos de trabajo en todo el país, crear y colocar su currículo en línea y establecer una búsqueda automatizada de trabajo. Esta base de datos contiene un amplio rango de puestos, disponibles en todo el país, la mayoría de los cuales son del sector privado y de tiempo completo; 2) *America's Career InfoNet (Red de Información sobre Carreras de Estados Unidos)* **www.acinet.org** provee información organizada estado por estado sobre temas educacionales tales como requisito de matriculación, certificación y licencia para las diferentes ocupaciones. Al mismo tiempo, ofrece información sobre salarios, costo de vida, tendencias laborales, y ayuda a las personas que buscan trabajo para que puedan identificar sus destrezas y escribir currículos y cartas de presentación. En este sitio encontrará más de 450 videos de diversas profesiones que puede ver fácilmente en su computadora. También puede buscar subsidios, préstamos y otros programas de asistencia financiera; y, 3) *America's Service Locator (Buscador de Servicios de Estados Unidos)* provee listados locales de oficinas de empleo que ayudan a quienes buscan trabajo a encontrarlo y a los empleadores a localizar trabajadores calificados, sin costo para ninguna de las partes.

Estos centros locales de empleo ofrecen asistencia en capacitación para conseguir trabajo. Note que tienen diferentes nombres en las diversas localidades. Se pueden llamar Job Center, Workforce Center, One Stop Career Center, Career Planning Center, etc. Para encontrar el centro más cercano, ingrese su código postal en este sitio del Internet: **www.servicelocator.org**. (En este libro, cuando me refiero a estos centros los llamo One Stop Centers.)

El objetivo principal de los One Stop Centers es preparar a la gente para conseguir empleo y luego ayudarlos a encontrar uno. Por ejemplo, si usted necesita tomar un curso de ESL, le recomendarán uno. Mientras tanto, le ayudarán a mejorar su currículo, su habilidad para forma una red de contactos y su desempeño en una entrevista laboral. Cuando su currículo esté listo, le ofrecerán asistencia para conectar sus destrezas y credenciales con los empleos disponibles. Le darán pistas, pero lo que es aún mejor, ellos llamarán con anticipación para que el empleador le reciba su llamado o lea su currículo. Le enseñarán a hacer búsquedas en el Internet, a colocar su currículo en línea, y a encontrar más información sobre las empresas en las cuales usted esté interesado.

Normalmente, cuando visite un One Stop Center le harán llenar una solicitud para hacerse miembro. Tanto la membresía como los otros servicios son gratuitos. Luego de recibir una orientación en donde le explicarán los servicios que ofrece el centro, usted puede:

- usar la sección de autoservicio (computadoras, Internet, fotocopiadoras, leer periódicos y revistas de negocios, llevarse folletos sobre temas específicos, buscar empleo en el banco de datos, etc.);

- asistir a talleres sobre diversos tópicos como Inglés Como Segunda Lengua ESL, computación o cómo escribir un currículo;

- hablar con un consejero laboral sobre su currículo, sus objetivos y estrategias para conseguir trabajo, o para que le recomienden talleres adicionales; y/o,

- ser referido para servicios intensivos en los cuales una persona se sentará con usted para guiarle en el proceso para superar cualquier barrera que pueda tener, ya sea que no hable inglés o que no tenga transporte para llegar al trabajo, que necesite ropa, quien le cuide los niños, etc.

Estos centros conocen las fuentes de recursos disponibles en su comunidad que le pueden ayudar a capacitarse para conseguir empleo. Dado que muchas empresas únicamente contratan por medio de agencias de empleo, los One Stop Centers trabajan en cooperación con varias agencias de empleo privadas. Cualquiera sea su situación, si necesita entrenamiento en algún área (tal vez esté cambiando de carrera o hace un tiempo que está desocupado) visite el One Stop Center más cercano. (Acérquese con confianza; no le preguntarán si está legal en el país o no.) Para encontrar un centro vaya a: **www.servicelocator.org** en el Internet, e ingrese su código postal. Allí verá una lista de las oficinas más cercanas a su domicilio.

Consejo de un Experto

"Nadie se va de este centro sin una respuesta a su pregunta," dice Ali Tarchoun, el especialista de programas del *One Stop Center* de White Plains, New York. "No sólo tenemos asociados como las universidades municipales y el Departamento de Servicio Social sino que trabajamos con todas las organizaciones sin fines de lucro de la comunidad. Si alguien me dice que no puede pagar para que le cuiden a sus hijos, los pongo en contacto con la agencia que ofrece subsidios para el cuidado de niños. Si a alguien lo están por desalojar, le pongo en contacto con la persona correcta para que le ayude."

Impuestos

Ya sea que, usted trabaje por su cuenta o que sea empleado, que tenga permiso de trabajo o no lo tenga, le recomiendo que hable con un abogado de inmigración acerca de los impuestos, incluso antes de hablar con su contador. El abogado le puede aconsejar sobre los requisitos de ingresos mínimos, algo muy importante si usted está solicitando un ajuste de su estatus o si está tramitando una visa de trabajo.

Si está empleado, su empleador le pedirá su número de seguro social para hacerle la retención de impuestos. Si trabaja por cuenta propia, puede reportar los impuestos con su número de seguro social o—si no tiene derecho a recibir uno—con el número individual de identificación de impuestos (Individual Tax Identification Number-ITIN).

En este momento, para obtener un número debe enviar su liquidación de impuestos junto con una solicitud de ITIN. Consulte este tema con una organización sin fines de lucro que se especialice en asuntos inmigratorios, con un contador o con un abogado de inmigración. En general es un paso seguro si está indocumentado. Puede contactarse con la dirección impositiva, IRS (Internal Revenue Service) al: 800-829-1040 o visite su sitio: **www.irs.gov**.

Para adquirir mayor información sobre cómo obtener su número de seguro social, contáctese con la oficina de seguro social (Social Security). Puede encontrar la dirección en: **www.socialsecurity.gov**.

Su Título

Cualquier título (diploma) que haya obtenido en su país, debe ser evaluado en los Estados Unidos para establecer su equivalencia con el sistema (de educación) norteamericano. No se olvide de llevar una copia de su diploma, la traducción y la evaluación a la entrevista de trabajo. Aquí, a las empresas les resulta difícil verificar antecedentes educativos en el extranjero y esto puede disminuir sus posibilidades para recibir una oferta de trabajo.

Consiga los originales de todos sus títulos educativos comenzando por el de la escuela secundaria. Haga traducir los documentos por un traductor público certificado. (Llame a la escuela de traductores más cercana. En general, tienen una lista de profesionales certificados.) Por cada título, usted no sólo necesita el diploma en sí, sino dos documentos adicionales: 1) uno que establezca los cursos que tomó y las notas que obtuvo y 2) un segundo documento que establezca la cantidad de horas involucradas en cada curso, a veces llamado "carga horaria" (esto no es necesario para el diploma de la escuela secundaria, solamente para el universitario). Esta es una información clave porque muchos países otorgan títulos de grado con menor número de materias que las que se requieren en el sistema norteamericano pero con una mayor cantidad de horas cursadas. El documento que certifica la cantidad de horas por cada materia que usted cursó puede hacer la diferencia entre que le evalúen el título como "Bachelor" o como "Master."

Contacte la *National Association of Credential Evaluation Services (NACES)* **www.naces.org** para obtener una lista de compañías que evalúen credenciales. En este sitio incluso encontrará compañías en las que puede llenar la solicitud en español tales como: *Educational Credential Evaluators (ECE)* cuyo sitio es: **www.ece.org**. Le recomiendo que visite el sitio de *World Education Service*: **www.wes.org**, una empresa que usan muchos empleadores e instituciones educativas. En este sitio puede obtener información pertinente a su país y a su carrera en particular. Por lo general estas organizaciones solamente se manejan por Internet.

Certificación Profesional

Para averiguar acerca de alguna certificación que pueda necesitar para revalidar su título en los Estados Unidos vaya a: **www.acinet.org** haga clic en "Certification Finder." Ahí puede ingresar el nombre de la asociación que otorga la certificación (por ejemplo la Asociación Norteamericana de Terapia Ocupacional) o puede hacer clic en su ocupación para obtener los nombres de las entidades que le darán la información sobre los requisitos para la certificación.

Describa su Universidad

Si tiene un título de una universidad prestigiosa en su país, es fundamental que encuentre la manera de hacérselo saber al entrevistador. Tiene que encontrar una o dos frases que describan cómo está considerada la UNAM en México, la Universidad Católica en Chile, o la UBA en Argentina. En su currículo puede incluir algo como: Master in Fine Arts, Universidad de Buenos Aires (Ivy League equivalent). En otras palabras, equivalente a una universidad de primera línea en Estados Unidos.

Consejo de un Experto

Arturo Poiré, un sociólogo especializado en recursos humanos, sugiere que si no tiene un título de una universidad de primer nivel en los Estados Unidos, puede conseguir un certificado de una asociación prestigiosa. Muchas asociaciones profesionales ofrecen certificados bien vistos en el mundo de los negocios. Si no puede sacar una maestría, pruebe otra opción. Por ejemplo, la Asociación Gerencial Norteamericana (American Management Association—AMA), ofrece programas de certificados en diversas áreas como Apoyo Administrativo, Finanzas y Contabilidad, Recursos Humanos y Entrenamiento.

Capítulo 2

Adónde Buscar Trabajo

Para aumentar sus posibilidades de éxito le recomiendo usar una combinación de las diferentes opciones que tiene a su disposición en el mercado actual.

Agencias de Empleo y Contratación de Personal

Según la *Asociación Norteamericana de Contratación de Personal (American Staffing Association-ASA)* en Estados Unidos nueve de cada diez compañías usan agencias de empleo para reclutar, seleccionar y contratar candidatos calificados para puestos temporarios y permanentes para todos los rangos salariales.

Las agencias de empleo ofrecen una gran variedad de servicios. Por esa razón, antes de firmar un contrato con alguna de ellas, investigue las opciones que ofrecen y evalúe con cuidado cuáles le sirven y cuáles no. Por ejemplo: ¿Quiere aceptar trabajos de corto plazo para tener mayor flexibilidad en su vida? ¿Quiere un trabajo temporal que se convierta en una oferta de largo plazo?

Estos son los cinco tipos de firmas que debe explorar.

1. *Contract Help: Temporary Assignments (Mano de obra contractual: trabajos temporales).* Este tipo de firma recluta, selecciona y contrata a sus propios empleados. La agencia les paga salario y beneficios si lo considera apropiado. Los empleados son luego asignados a las compañías clientes para complementar la fuerza laboral o el personal, durante la temporada alta y baja de trabajo, proyectos especiales, emergencias, etc.

2. *Managed Services (Administración de servicios).* Este tipo de firma cumple en forma constante una determinada función para la compañía cliente, por ejemplo, se ocupa de manejar el depósito.

3. *PEO (Employee Leasing) (Empleados contratados por la agencia).* Este tipo de compañía asume la responsabilidad del pago de salarios, beneficios y otras funciones del departamento de recursos humanos para la empresa cliente. Todos los empleados de la compañía cliente están en la nómina salarial de la agencia de empleos.

4. *Placement (Agencia de Colocación).* Este tipo de compañía entrevista y selecciona a posibles empleados que luego presenta a sus empresas clientes, con el objetivo de encontrarles empleo *permanente*.

5. *Temporary to hire (Temporal a efectivo).* Una persona empleada por una agencia de empleos trabaja para una compañía cliente por un período de prueba, al término del cual tanto el empleado

como la compañía evalúan la factibilidad de un puesto permanente.

En general, las agencias de empleo se especializan en una o más de estas opciones, pero algunas las ofrecen todas. Lo que todas tienen en común es que siempre le cobran al *empleador* por sus servicios. Si alguna agencia le quiere cobrar a usted, por esos servicios no trabaje con ella.

Consejo de un Experto

Si quiere trabajar para una compañía específica, Dan Struve presidente y CEO de Helpmates Staffing Services, sugiere que llame al departamento para el cual le gustaría trabajar (por ejemplo el departamento Contable o el de Tecnología) o que llame al departamento de Recursos Humanos y pregunte lo siguiente: "¿Qué agencias de empleo usan para complementar su personal (trabajadores) durante la temporada alta y baja de su negocio?" Una vez que tenga el nombre de la agencia, puede contactarse con ésta y ofrecer sus servicios. Esta es una de las formas más rápida de acercarse a la empresa que le interesa.

Todos los días las agencias de empleo ayudan a millones de personas. Son una alternativa ideal cuando busca un puesto de principiante, cuando no habla bien inglés o cuando hace tiempo que no trabaja—por ejemplo si estuvo criando a sus hijos—porque pueden facilitarle el ingreso al mercado laboral encontrándole asignaciones (trabajos) que se adapten a su situación. Considérelas como un puente para hallar un empleo permanente.

Si bien la duración promedio de las asignaciones depende de la economía, en general duran entre tres y cinco meses, aunque las hay más largas y más cortas. Como resultado de estar trabajando para una agencia de empleo, usted puede recibir una oferta de trabajo de la compañía cliente o cambiarse a otra asignación cuando complete la primera.

Recuerde que una agencia de empleos lo entrevistará tal como lo haría cualquier probable empleador. De manera que cuando vaya a una entrevista debe seguir las sugerencias que se ofrecen en la página 83. Antes de decidirse por una agencia de empleos específica, investigue los beneficios que ofrecen las diversas firmas porque varían entre una y otra. Los beneficios van desde seguro de salud, vacaciones, descuentos para espectáculos, software gratuito, hasta entrenamiento en computación y otros. (Compare los beneficios cuidadosamente, ya que éstos constituyen un factor determinante en esta industria.)

Visite el sitio de la American Staffing Association: **www.staffingtoday.net** y haga clic en "Jobseek." Ingrese el estado o provincia en la que le gustaría trabajar; ingrese su nivel de destrezas y luego el puesto que está buscando: temporal, de temporal a permanente, o permanente. Haga clic en "search." Verá una lista de agencias de trabajo en ese estado. Luego puede hacer clic en cada agencia para visitar su sitio, averiguar en qué se especializan y obtener la información para contactarla. También puede contactar a la *Asociación Nacional para Servicios de Personal* (*National Association for Personnel Services*) el organismo que certifica profesionales del área de reclutamiento en todo el país. Ofrece un directorio en línea que lista todo tipo de agencias de empleo por especialización ocupacional y por área geográfica que sirven: **www.napsweb.org**. Hay posiciones temporales en prácticamente todos los campos. Sólo debe encontrar una agencia que se especialice en la ocupación que desea ejercer y en el área geográfica donde quiere trabajar.

Las ventajas de trabajar con una agencia de empleos son:

- un horario de trabajo flexible;

- la oportunidad de mostrar sus habilidades en una compañía y conseguir un trabajo permanente;

- la oportunidad de probar diversos trabajos y conocer diferentes compañías;

- enterarse de oportunidades laborales en la compañía antes de que se anuncien;

- conseguir referencias laborales de la agencia de empleos; y,

- desarrollar destrezas en la compañía en la cual está trabajando temporalmente.

Las desventajas de trabajar para una agencia de empleos son:

- nadie le puede garantizar que una vez que termine el trabajo que le asignaron, consiga un trabajo permanente;

- es posible que exista un intervalo entre una asignación y la siguiente;

- la agencia de empleos no puede garantizarle que la asignación va a cumplir con todos sus requisitos;

- algunas agencias de empleo temporales no ofrecen seguro de salud u otros beneficios a sus empleados; y,

- excepto algunas agencias de empleo que se especializan en tecnología, en general las agencias no patrocinan empleados extranjeros para que obtengan la visa de trabajo.

Consejo de un Experto

Edward Caliguiri, Director de Operaciones de *The Response Companies*, una agencia de empleos, sugiere que si la mayor parte de su experiencia laboral es en otro país, o si está buscando que lo patrocinen para obtener una visa de trabajo, lo mejor es que contacte a posibles empleadores en forma directa y que evite las agencias de empleo. Él cree que tendrá que demostrar sus habilidades en el trabajo o tal vez empezar en una posición temporal para probarle al empleador que usted puede hacer el trabajo.

Consejo de un Experto

Ruth Reading, gerente de distrito de *Burnett Staffing Specialists* en Houston, Texas, sugiere que lleve a la entrevista cartas de referencia y recomendaciones de sus empleos en el extranjero.

Si bien la mayoría de las empresas de buena reputación le pedirán su tarjeta de seguro social y conducirán una investigación de antecedentes y otra para verificar que su número de seguro social sea real (o las compañías clientes lo harán cuando estén listas para ofrecerle un puesto), hay algunas que no se lo pedirán. Es posible que tengan algunos clientes a los que no les importe si los empleados que contratan están documentados o indocumentados.

Consejo de un Experto

Ana Díaz, gerente de sucursal de Kelly Services en Miami, FL, explica que su oficina trabaja de cerca con el South Florida Workforce (una agencia de empleo gubernamental). Kelly Services cuenta con que esta organización le dé nombres de posibles empleados cuando conduce una búsqueda de personal y no tiene suficientes candidatos.

Ser completamente bilingüe le abre una gran cantidad de puertas en una agencia de empleos. Varias agencias coinciden en que es un serio problema conseguir personal que sea bilingüe de verdad. Muchas veces, las personas llaman por un empleo que requiere habilidades bilingües cuando en realidad no tienen buen dominio del inglés y hablan español de la calle.

NOTA: Si lo entrevistan para un puesto bilingüe, van a evaluar tanto su habilidad lingüística en español como en inglés. En muchos casos, las compañías están interesadas en individuos que pueda hablar español de negocios.

Usar la Diversidad como Opción

Con el énfasis actual en diversidad, muchas compañías tienen departamentos que se ocupan de este tema. Se llamen *Acción Afirmativa (Affirmative Action), Igualdad de Oportunidades (Equal Opportunity), Asuntos de*

Diversidad (Diversity Affairs) o de cualquier otra forma, su misión es incorporar diversidad a la empresa y mantenerla. Antes de enviarle su currículo a la persona que está reclutando, llame al departamento de diversidad y hable con la persona a cargo. Preséntese y trate de encontrarse en persona con el director/directora. Si no logra obtener una entrevista en persona, al menos tenga una buena conversación telefónica.

Consejo de un Experto

Susan Johnson, vice-presidenta de Recursos Humanos, Personal Corporativo y Liderazgo de Diversidad en Pitney Bowes, sugiere que trate de obtener de la persona a cargo del departamento de diversidad, información sobre cómo funciona la compañía. También puede averiguar un poco más sobre el reclutador que está contratando. Sea discreto con el tiempo que toma; la gente está ocupada con su propio trabajo. Cuando se contacte con la directora de diversidad pregúntele si le puede enviar su currículo para que ella se lo reenvíe a la persona correcta. Visite el sitio de la empresa para ver si tiene un Departamento de Diversidad.

Otra manera de encontrar compañías interesadas en contratar minorías es ir a eventos, ferias de trabajo organizadas por organizaciones sin fines de lucro y asociaciones que se concentran en los latinos. Revise diarios y revistas locales para obtener información sobre estas oportunidades, o llame a la Cámara de Comercio.

Visite estos sitios que se especializan en minorías y particularmente en latinos:

- www.bilingual-jobs.com

- www.caljobs.com

- www.cvlatino.com

- www.LatPro.com

- www.Saludos.com

- www.ihispano.com

- www.diversityinc.com

- www.diversitylink.com

- www.workplacediversity.com

- www.imdiversity.com

- www.foreignborn.com

- www.joblatino.com

- www.laopinion.com

También visite estos sitios que ofrecen una opción de búsqueda por diversidad:

- www.hotjobs.com o llame al: 646-351-5300

- www.careerbuilder.com o llame al: 800-638-4212

- www.careers.org

■   www.careervoyager.com

■   www.monster.com o llame al 800-638-4212

No se desanime si sólo hay una cantidad pequeña de trabajos ofrecidos en estos sitios: uno de ellos puede ser el apropiado para usted.

Por supuesto, hay diferentes asociaciones profesionales que agrupan a hispanos por profesión, tales como la *Sociedad Profesional de Ingenieros Hispanos* (*Society of Hispanic Professional Engineers*). Para saber si su profesión tiene una asociación latina revise la Enciclopedia de Asociaciones en la biblioteca pública.

Si usted desea buscar trabajo en una compañía grande, DiversityInc.com hace una encuesta anual para determinar las cincuenta compañías que toman personal de diversidad cultural. Visite el sitio: **www.diversityinc.com** y suscríbase para tener acceso completo a este sitio Web.

Establecer una Red de Contactos (Networking)

Se estima que entre el 70% y el 80% de los empleos se cubren con gente que escuchó del puesto de boca en boca. Esta es la razón por la cual es fundamental que expanda sus contactos.

Potenciales contactos pueden ser:

■   miembros de su familia;

■   sus amigos (y amigos de sus amigos);

- sus vecinos;

- cualquier persona que haya ido a la escuela con usted o haya tomado un curso con usted;

- maestros y profesores;

- ex compañeros de trabajo y ex jefes/supervisores;

- cada una de las personas en su iglesia o congregación (incluido el párroco o rabino);

- vendedores y comerciantes a los que trata todos los días;

- todos los profesionales que conoce (su dentista, su abogado, su contador, etc.);

- empleados de organizaciones sin fines de lucro y cualquier otra persona que conozca durante su búsqueda de trabajo;

- gente que conozca en los sitios donde es voluntario;

- cualquier persona con quien inicia una conversación (mientras espera para pagar en el almacén, en el banco, etc.);

- miembros de su club;

- gente que conoce en ferias y eventos culturales; y,

- miembros de la Cámara de Comercio.

Debe pensar que una red es una cadena. Antes, tal vez sólo les contaría a su familia y amigos que estaba buscando trabajo; ahora es fundamental que expanda su pequeño círculo para incluir a todas las personas que figuran en esta lista. Recuerde que con cuanta más gente hable de su búsqueda laboral, más posibilidades tendrá de encontrar un puesto.

Sin embargo, antes de hablar con nadie, debe tener en claro lo que está buscando, cuáles son sus logros, y qué tiene para ofrecer. Debe entrenarse en lo que va a decir y cómo lo va a decir. (Hay una tendencia latina a hablar demasiado y a explicar demasiado el contexto de lo que se está diciendo, perdiendo de esta manera el foco.)

El Comercial de un Minuto

Muchos profesionales recomiendan que prepare un "comercial de un minuto" sobre usted mismo. Es simplemente un monólogo corto para vender su capacidad y sus logros. Acuérdese de respaldar cada logro que mencione. Una vez que haya escrito el suyo, memorícelo hasta que lo pueda decir espontáneamente sin sonar repetitivo. Puede escribirlo en una computadora e imprimirlo en una tarjetita para entregársela a sus contactos.

Ejemplo:

María Espinoza
213-666-9090
mespinoza@mymail.com

Soy asistente médica con cuatro años de experiencia en la oficina de un pediatra. Tengo buen dominio de Microsoft Word, Excel, PowerPoint, Access y Outlook. Mi último empleo fue en la oficina del Dr. Ricardo Pereyra en Ciudad de México, donde fui premiada por mi excepcional habilidad en el teléfono y por la calma con que manejaba situaciones de presión laboral. He recibido bonos por mis contribuciones a la eficiencia de la oficina. He descubierto que tengo la destreza profesional para trabajar como asistente personal. Soy bilingüe.

Ejemplo:

Pedro Rúculo
Casa: 718-990-4444
Celular: 917-000-5555

Soy un experimentado supervisor de ventas. En los últimos quince años he sido responsable por un aumento de ventas de entre el 15% y el 25% y he supervisado hasta diez empleados.

Mi último trabajo ha sido como vendedor de la mueblería Seaman's en Yonkers, New York, donde logré un 20% de aumento de ventas sobre el año anterior. Tengo excelente manejo de servicio al cliente y de resolución de problemas y se me conoce por ser organizado, eficiente y confiable. También estoy familiarizado con los programas de control de inventario.

Lugares en los que Puede Expandir su Red de Contactos

■ *Las exposiciones (shows)* de las diferentes industrias son grandes oportunidades para establecer su red de contactos. Infórmese sobre ellos a través de asociaciones de su industria o a través de la Cámara de

Comercio local. Muchas de ellas son gratuitos y puede asistir con sólo llenar un formulario con su nombre y su dirección. Una vez que esté allí, hable con la gente que está exhibiendo productos o servicios y averigüe si hay puestos disponibles en sus compañías. Si los hay, consiga el nombre del departamento y la persona a cargo y pregúntele al exhibidor si puede usar su nombre al llamar por teléfono al contacto que le dio. En estos shows en general hay seminarios y talleres que se dictan en forma paralela a la exhibición. Asista a la mayor cantidad que pueda y hable con los presentadores y con los participantes. Hágales saber que busca un empleo en la industria y déles su tarjeta con el "comercial de un minuto" si están interesados. Sea amable y no presione si ve que la persona no está interesada.

- *Las reuniones* de la Cámara de Comercio pueden ser otro buen lugar para conocer gente. En general se reúnen una vez por mes y están abiertas al público por una suma razonable (en general de $15 a $30). Llame y pida la dirección del sitio en Internet. De esta manera puede ver el calendario de eventos. Normalmente a estas reuniones van dueños de pequeños negocios, profesionales, y algunos empleados de grandes corporaciones como bancos. La gente suele ser muy agradable y como se juntan con el claro objetivo de establecer contactos, es fácil hablar de su búsqueda laboral.

- *Las ferias de trabajo* son una opción obvia. Su Cámara de Comercio local es un buen lugar para conseguir información sobre estos eventos, pero también puede encontrar algo en los periódicos locales. En general se hacen en grandes centros de exposiciones donde tanto empresas como agencias de empleo compran puestos o mesas para distribuir información y para entrevistar candidatos. De manera que vístase en forma profesional. Lleve varias copias de su currículo y prepárese para esperar en fila mientras cada reclutador entrevista a las personas que están delante de usted. Le sugiero que primero de una vuelta alrededor del salón recogiendo los folletos que reparten en cada mesa. Luego, siéntese en un rincón tranquilo y léalos. Seleccione las compañías en las que le gustaría trabajar y luego haga la fila para una entrevista en esas compañías.

A veces, si contacta a la firma que organiza la feria de trabajo, puede obtener una lista de las compañías que exhiben. Esto le da una ventaja: puede explorar esas empresas de antemano y decidir con cuáles quiere entrevistarse.

- *Talleres, cursos, y seminarios* donde pueda ponerse al día con su conocimiento y capacitación son buenos sitios para conocer gente. Lo bueno es que estos lugares están llenos de gente de su industria que pueden saber de alguna posición abierta. Lleve su currículo.

- Tal vez usted pertenece a algún *grupo* que se reúne en forma periódica. No importa si es un grupo religioso, una clase de baile, un equipo deportivo o una organización en la cual es voluntario. Esta gente lo conoce bien y debería hablarles de su búsqueda de trabajo. Pídale a cada uno nombres de individuos que conocen a mucha gente. Así es como funciona la red de contactos.

■ *La escuela de sus hijos* es otro lugar natural para establecer contactos. Puede hablar con otros padres, maestros, consejeros y con el director sobre su búsqueda. Quizá le den el nombre de alguna persona en la comunidad que pueda ayudarlo.

Consejo de un Experto

Dan Alexander, dueño de Mainly Monograms, un fabricante de camisetas, sugiere que si entra a una tienda o a un negocio sin una cita para ver si hay una oportunidad, haga lo siguiente:

• vístase de manera apropiada (siga los consejos de la página 89);

• lleve su currículo, una tarjeta de negocios o una hoja con su información para que puedan llamarlo si están interesados;

• preséntese a la mañana temprano antes de que comience la actividad del día;

• vaya sólo; evite ir en grupo. (Al empleador puede gustarle uno de ustedes y no todos y puede sentirse incómodo y no decirlo.);

• antes de irse, recoja una tarjeta de negocios para poder hacer el seguimiento; y,

• sea persistente, vuelva a llamar cuando le pidan que llame.

Campaña para Expandir la Red de Contactos

Para comenzar su campaña para expandir la red de contactos, siga estos pasos.

■ Haga una lista de todas las personas que conoce con sus respectivos números de teléfono.

- Llame a cada una de ellas y dígales que está buscando trabajo. Sea específico respecto de sus objetivos. Pregúnteles si se puede reunir con ellos para darles su currículo. Encontrarse en persona le dará más seriedad a sus intenciones y al mismo tiempo lo tendrán más presente.

- Pregúntele a la persona con la que se reúna si sabe de alguna oportunidad de trabajo. Luego pregúntele si conoce a alguien que pueda saber de alguna oportunidad. Estas preguntas le abrirán diversas puertas. Prepárese para darle seguimiento a cada una.

- Después de reunirse con un contacto, envíele una tarjetita de agradecimiento. Puede escribirla en la computadora o comprar una caja de tarjetas de agradecimiento en la librería y escribirla a mano.

- Lleve sus tarjetas con el "comercial de un minuto" a cada reunión a la que vaya; al PTA de la escuela, a la práctica de fútbol, a la iglesia. Téngalas listas para entregarlas luego de hablar con alguien y de haberle explicado lo que busca.

Recuerde que para establecer una red de contactos debe andar por una cuerda fina: debe ser franco sobre su búsqueda de trabajo pero al mismo tiempo debe tener cuidado de no fastidiar a la gente. Socialice como lo haría normalmente y luego aborde el tema. Pregunte: "¿Le puedo dar una tarjeta que habla de mí y de lo que estoy buscando? Así puede contactarse conmigo si se entera de algo interesante." Si la persona está de acuerdo, entonces puede darle la tarjeta.

Centros de Empleo Patrocinados por el Gobierno

Vea la página 12 para mayor información sobre las agencias de empleo gubernamentales donde puede recibir ayuda para conseguir un trabajo. No sólo tienen un banco de datos y listados de trabajos sino que le proveerán contactos y conectarán su currículo con trabajos disponibles. También pueden facilitarle el proceso de escribir su currículo y de enfrentar la entrevista laboral. Además estos centros ofrecen una gran variedad de equipo de oficina como fotocopiadoras, faxes, computadoras, teléfonos, y suscripciones a revistas y diarios de negocios que usted puede usar en su búsqueda laboral.

Búsqueda en Línea (Online Search)

Las estadísticas muestran que un porcentaje muy pequeño de la gente (menos del 10%) encuentra sus trabajos en un sitio de Internet. Sea consciente de esta realidad para que la búsqueda en Internet sea solamente una parte de su campaña para conseguir trabajo y no pierda todo su tiempo en línea cuando tendría que estar expandiendo su red de contactos. Limite su búsqueda a cinco o seis sitios y contrólelos diariamente para ver si hay nuevos anuncios. Use la información que encuentra en estos sitios para profundizar la investigación sobre las compañías que están contratando personal y tal vez para contactarlas a través de los departamentos de diversidad.

En un sitio de empleo en línea (job site online) debe llevar a cabo dos actividades principales: 1) preparar y publicar su currículo y 2) buscar trabajo. Para publicar el currículo en general le piden que llene una serie de datos. Lea las instrucciones con cuidado y no dé más información que la necesaria. Por ejemplo, si le preguntan el rango salarial, trate de saltear la pregunta. (En algunos sitios este no es un dato obligatorio aunque tal vez se encuentre entre otros dos datos que sí debe completar obligatoriamente.)

Cuando completa formularios electrónicos, tenga en cuenta estos puntos definidos a continuación.

- Los portales de trabajo son gratuitos para los usuarios pero los empleadores pagan para anunciar los empleos. Por lo tanto, están diseñados para que a los empleadores les resulte fácil buscar electrónicamente en la base de datos. Use la mayor cantidad de palabras claves (*keywords*, palabras que son relevantes para el puesto que usted busca) que pueda cuando llena los espacios de Objetivo y Experiencia Laboral o en el texto de su currículo si es que lo está copiando completo. (Más información sobre palabras claves más adelante en el libro.)

- Si el sitio se lo permite, prepare varios currículos, cada uno orientado a un puesto o a una carrera diferente. Por ejemplo, si usted enseña en una escuela secundaria pero al mismo tiempo es trabajador social, prepare dos currículos distintos.

- De ser posible, deje el rango salarial abierto.

- Diga que está dispuesto a mudarse; siempre hay tiempo para decir que "no."

En estos sitios puede conducir búsquedas ingresando una palabra clave (dependiendo de lo que busca puede ingresar un idioma como el español, una especialización que tenga, un programa de software que sepa usar, etc.), ingresando el lugar geográfico donde quiere trabajar, o resaltando su profesión en una lista. Verá una lista de empleos a los cuales puede responder. Cuando vea algo que le interese, siga las instrucciones para enviar su currículo. Si lo va a mandar por correo electrónico, ya sea como documento adjunto o pegado al cuerpo del correo electrónico, debe escribir una carta adjunta de presentación (cover letter). (Revise la sección sobre Cartas en la página 75.)

Otros Sitios en Internet

Cuando haga búsquedas en Internet es importante que no se limite a los sitios de trabajo. Hay muchos otros lugares donde puede encontrar información útil sobre oportunidades laborales. Fíjese en esta lista.

- Las empresas y organizaciones sin fines de lucro en las que le gustaría trabajar.

- Agencias de empleo.

- Asociaciones que agrupan gente en su profesión u ocupación.

- Los avisos clasificados de su periódico local.

- Los avisos clasificados de periódicos internacionales como el New York Times y el Los Angeles Times.

- El Departamento de Trabajo de su Estado.

■ La Cámara de Comercio local.

■ Asociaciones que buscan minorías, sobre todo latinos.

Avisos Clasificados

Si bien su primer impulso puede ser buscar empleo en los avisos clasificados de su periódico local, debe saber que: 1) sólo un pequeño porcentaje de empleos se anuncian en los avisos clasificados y 2) sólo un pequeño porcentaje de puestos se llenan por este medio. Sin embargo muchas compañías, especialmente las pequeñas, confían en este método para contratar empleados. De manera que revise los avisos clasificados tanto en Internet como en el periódico de papel en las siguientes publicaciones:

■ periódico dominical de las grandes ciudades;

■ publicaciones locales, tal vez más chicas, que anuncien oportunidades de trabajo locales;

■ revistas del tipo Pennysaver®; y,

■ revistas de asociaciones profesionales.

Pasos a Seguir

Cuando revise los avisos clasificados en el periódico del domingo, mire toda la sección. El mismo tipo de trabajo puede estar anunciado bajo diferentes encabezamientos. Cada aviso le dirá cómo responder: por correo electrónico, fax, teléfono o correo regular. Le dará el nombre de la persona, el cargo, o un departamento. Si sólo le da el departamento o el cargo, conduzca una búsqueda rápida para averiguar el nombre de la persona que dirige ese departamento. Llame a la compañía y pregúntele a la recepcionista el nombre de la persona que está contratando. O pida que lo comuniquen con el departamento correspondiente y pregúntele a alguien en ese departamento el nombre de la persona que está contratando.

Ya sea que el aviso lo solicite o no, siempre mande con su currículo una carta adjunta dirigida a la empresa que puso el aviso. Mire otros avisos para puestos similares y compare los salarios que ofrecen; revise el *Occupational Outlook Handbook* (un libro que encontrará en línea y en la biblioteca) para enterarse de los salarios promedio para el puesto que busca.

Mantenga un archivo de los avisos a los que responde. Recorte el aviso, o imprímalo si es un aviso en línea y adjunte una copia de su carta y del currículo que envió. También anote la fecha en que respondió.

NOTA: Seguramente encontrará avisos que le prometan "independencia financiera trabajando desde casa," "gane grandes sumas sin experiencia," "oportunidad de crecimiento ilimitado para la persona correcta," "sólo comisión," "fuerte desafío," etc. Tenga cuidado con estos anuncios porque en general esconden situaciones desagradables como que debe trabajar solamente a comisión y hacer dinero sólo para la persona que está arriba de todo en una organización de marketing de niveles múltiples.

Capítulo 3

Piense en Usted

Es hora de pensar en usted. Si usted sabe lo qué quiere conseguir, qué destrezas tiene, cuáles quiere usar, en qué ambiente quiere trabajar y qué tipo de actividades quiere hacer se dará cuenta de qué tipo de empleo desea. El hecho de saber qué trabajo quiere le guiará hacia la industria apropiada y a las mejores compañías dentro de la industria. Todo esto lo ayudará a escribir un mejor currículo.

Es útil comparar la búsqueda de empleo con el proceso de ventas. Piénselo así: usted es el producto que está tratando de vender. El empleador es el cliente. Para que el cliente gaste dinero en "comprarlo," usted debe causarle una muy buena impresión. Si lo piensa de esta manera es más fácil planificar los pasos a seguir para tener éxito.

Debe conocer bien el producto que está tratando de vender (usted mismo). Debe satisfacer las necesidades del cliente (o sea, tiene que poder hacer el trabajo para el cual está enviando una solicitud). Debe ofrecer buenos folletos de promoción (su currículo y carta adjunta).

Debe tener un buen embalaje (su ropa, su arreglo personal) y buena presentación (comportamiento, modales, actitud, etc.).

Identifique sus Rasgos Personales

Piense en su personalidad y haga una lista de todas sus características. Luego que las identifique, marque en esta lista las que son rasgos típicos suyos.

- Soy productivo

- Trabajo duro

- Soy puntual

- Soy honesto

- Me llevo bien con la gente

- Es divertido trabajar conmigo

- Soy ambicioso

- Soy modesto

- Soy creativo

- Soy leal

- Soy persistente

- Soy organizado

- Tengo auto confianza

- Tengo buena autoestima

- Resuelvo problemas fácilmente

- Soy una persona en la que se puede fiar

- Aprendo rápido

- Tengo mucha energía

- Tengo buen sentido del humor

- Soy paciente

- Soy flexible

- Puedo trabajar de forma independiente

- Termino lo que empiezo

- Soy un buen interlocutor

- Soy competitivo

- Tengo buena articulación verbal

- Soy un buen comunicador

- Soy un buen negociador

- Me oriento hacia los objetivos

- Puedo explicarles cosas a los demás

- Soy un buen mediador

- Soy un buen planificador

- Escribo bien

- Soy sensible con los terceros

- Doy buenos consejos

- Me gusta ayudar al prójimo

- Soy bueno en el teléfono

- Dibujo o pinto

- Actúo

- Cocino bien

- Otras características: (agregue todas las que quiera)

Dado que estos rasgos lo van a seguir de un trabajo a otro, es importante que los conozca. Ahora mire de nuevo los rasgos listados arriba y fíjese esta vez en los que no marcó porque siente que no reflejan su personalidad. Considere trabajar un poco en adquirir esos rasgos como por ejemplo puntualidad o paciencia, porque los empleadores consideran todos estos rasgos muy valiosos.

Destrezas que Puede Trasladar

En cada ocupación que tuvo anteriormente—en sus trabajos, en la escuela y en casa—desarrolló ciertas destrezas para esa actividad en particular. No obstante, esas destrezas pueden trasladarse a la siguiente ocupación que tenga. Por ejemplo, en su último trabajo tal vez lo entrenaron para atender clientes en un centro hospitalario. Puede aplicar ese entrenamiento a cualquier puesto en donde deba tratar con clientes, ya sea un puesto de principiante o en un puesto gerencial.

Las destrezas que figuran en esta lista (al igual que las experiencias relacionadas con su trabajo en particular) son las que puede mencionar durante la entrevista, cuando le pregunten por qué le deberían contratar.

Ejemplo:
Como gerente tomo decisiones rápidas y calculadas. Armo buenos equipos de trabajo y soy un hábil negociador. Siempre cumplo con mi trabajo cueste lo que cueste.

Ejemplo:
Nadie puede arreglar maquinaria textil con la eficiencia y la rapidez con que yo lo hago. En las fábricas en las que trabajé, nunca hubo una máquina fuera de servicio por más de seis horas.

Mire esta lista y marque sus habilidades. Luego agregue cuantas quiera.

- Soy bueno con los clientes

- Puedo cumplir con plazos predeterminados

- Soy un buen administrador

- Puedo administrar dinero

- Puedo manejar personal

- Puedo hablar en público

- Puedo organizar eventos

- Puedo manejar inventario

- Puedo tomar inventario

- Puedo archivar

- Sé motivar a terceros

- Puedo delegar trabajo

- Tomo buenas decisiones

- Tomo decisiones con rapidez

- Puedo coordinar programas

- Puedo entrenar personal

- Sé entrevistar personal

- Sé analizar información

- Sé investigar

- Puedo manejar la compra de productos y partes

- Puedo evaluar propuestas

- Puedo verificar datos

- Puedo preparar un presupuesto

- Puedo operar equipo de precisión

- Puedo operar maquinaria pesada

- Puedo usar herramientas

- Soy bueno con las manos

- Uso computadoras

- Puedo inspeccionar maquinaria

- Tengo una licencia de conducir comercial

- Conduzco

- Otras: (agregue todas las que se le ocurran)

Aptitudes Laborales

Las aptitudes laborales son las habilidades, títulos y certificaciones necesarias para un trabajo en particular. Por ejemplo, para ser maestra de inglés de escuela secundaria necesita una maestría en educación y una certificación para enseñar. Debe ser creativa, le deben gustar los adolescentes, tener habilidades para manejar una clase, estar al día con los programas educativos, etc.

Antes de cuestionarse sus aptitudes laborales, debe decidir qué tipo de trabajo quiere porque obviamente no va a necesitar las mismas aptitudes para ser cajero en un banco que para ser director de un canal de televisión.

Pensar en los temas que le propongo a continuación le ayudará a darse cuenta qué posición le gustaría encontrar.

- ¿Qué tipo de trabajo le gustaría hacer? (Administrativo, práctico, intelectual, etc.)

- ¿Con qué tipo de gente le gustaría trabajar? (Solo, con profesionales, con obreros, con niños, con ancianos, etc.)

- ¿Cuál de sus habilidades le gustaría usar en su próximo empleo? (Artística, organizativa, capacidad de negociación o de resolver problemas, consistencia, etc.)

- ¿En qué lugar físico prefiere trabajar? (Una oficina, al aire libre, una fábrica, la ruta, etc.)

- ¿A dónde le gustaría trabajar? (En qué ciudad y qué estado, en un área urbana o suburbana, etc.)

- ¿Cuánto dinero le gustaría ganar? (Aproximadamente.)

- ¿Le gustaría tener un trabajo de supervisión o no?

- ¿Prefiere un trabajo repetitivo o uno creativo?

- ¿Cuánto estrés puede soportar?

- ¿Qué conocimientos específicos tiene?

- ¿Quiere ser su propio jefe?

Sólo después de contestar estas preguntas (le sugiero que anote las respuestas) podrá definir con mayor claridad qué tipo de trabajo quiere. Una vez que haya escrito los datos específicos, trate de redactar un párrafo describiendo el empleo que le gustaría tener.

Ejemplo:

Me gustaría trabajar en una oficina con otros empleados, haciendo trabajo administrativo. Me gustaría usar mis aptitudes organizativas y de computación. Prefiero trabajar en la ciudad y quisiera ganar cerca de $50.000. No quiero el estrés asociado con un trabajo de supervisor pero puedo trabajar sin demasiada supervisión.

Lea su descripción varias veces e imagínese qué tipo de posición podría tener. En el ejemplo de arriba, la persona podría ser secretaria para una oficina dental, empleada administrativa en una compañía de construcción, asistente administrativa en una organización sin fines de lucro, o la asistente de cualquier profesional que necesite ayuda. Esta descripción le da suficiente amplitud para buscar el mismo tipo de trabajo en diferentes industrias.

Ejemplo:

Quiero trabajar como estilista en una de las mejores peluquerías de Manhattan, donde pueda usar mi experiencia y mi educación, ganar $100.000 al año y continuar creciendo profesionalmente.

Es importante escribir este párrafo en el que describe el tipo de trabajo que le interesa, las destrezas que quiere usar y las aptitudes laborales que tiene para ese puesto. Es parte del proceso de descubrir qué quiere hacer y verificar si está calificado para hacerlo. (Puede llevar a cabo este proceso usted solo o puede pedir asistencia a un consejero de carreras en la universidad local, en una organización sin fines de lucro o en un One Stop Center.)

Estar sobre Calificado (Overqualified)

Note que en los Estados Unidos lo pueden considerar *sobre calificado* para un empleo. Esto significa que tiene demasiadas credenciales o demasiada experiencia para un determinado puesto. Los empleadores no contratan candidatos que consideran sobre calificados porque piensan que:

- se quedarán por un corto plazo hasta que encuentren otro empleo;

- no estarán motivados y por lo tanto no harán un buen trabajo; o,

- recibirán una compensación menor de lo que deberían dadas sus aptitudes.

Occupational Outlook Handbook (OOH)

El *Occupational Outlook Handbook* es un maravilloso recurso. Es un directorio publicado por el gobierno federal en el que encontrará descripciones de todo tipo de empleos. El libro explica cada trabajo en particular, los requisitos, el salario y la perspectiva futura del mismo. Ofrece una enorme variedad de empleos en los que usted probablemente nunca pensó. Puede encontrar el OOH en su biblioteca o buscarlo en línea: **http://stats.bls.gov/oco/home.htm**.

Luego de revisar el OOH, elija cinco o seis *trabajos* y tal vez cuatro *industrias* en las que esté interesado. Anótelas. Fíjese en el OOH la lista de aptitudes laborales y calificaciones necesarias para esos trabajos y piense cuáles de las suyas le habilitarían para los puestos que le gustan.

Capítulo 4

El Currículo (Résumé)

Ahora que decidió qué tipo de trabajo quiere, es hora de preparar el folleto promocional: su currículo. Pero primero veamos algunas diferencias entre los currículos de su país y de los Estados Unidos.

En la mayoría de los países latinoamericanos hay dos maneras de presentar su información:

1. la hoja de vida donde usted escribe en prosa acerca de sus experiencias y educación y

2. el currículo donde usted formalmente lista toda su información.

El primer formato no funciona en los Estados Unidos y el segundo en general se prepara de una manera muy diferente a la de América Latina. También debe saber que hay cierta información que quizá esté acostumbrado a incluir en su currículo para empleadores latinoamericanos, pero que en Estados Unidos puede sabotearle la posibilidad de que lo contraten. Además, mucha de esa información (como lugar de nacimiento, edad, número de hijos) puede utilizarse para discriminar en contra suyo.

Ítems que Debe Evitar Incluir en su Currículo y Carta Adjunta de Presentación (Cover Letter)

Para preparar un currículo y una carta adjunta exitosos, fíjese en la siguiente lista de ítems que debe *evitar* incluir en ambas formas de comunicación.

1. No incluya su fecha y lugar de nacimiento.

2. No incluya su edad.

3. No incluya su estado civil.

4. No incluya el número de hijos que tiene o si está embarazada.

5. No incluya ningún número de identificación.

6. No incluya fotos a menos que esté buscando trabajo de actor/actriz o modelo.

7. No liste primero sus títulos y educación. Liste primero su historia laboral y luego su educación comenzando por el título más alto que haya recibido.

8. No liste primero su trabajo más antiguo. Liste primero su trabajo más reciente y vaya hacia atrás.

9. No escriba su currículo en primera persona. Escríbalo en tercera persona.

Quién Necesita un Currículo

Quizá piense que para el tipo de trabajo que usted busca no necesita escribir un currículo, y tal vez tenga razón. En general, la gente que ofrece servicios (desde quiroprácticos hasta personal de mantenimiento) no necesita un currículo. Confían en recomendaciones personales y a veces tienen un folleto que explica sus servicios. Sin embargo, si quiere expandir la clientela o trabajar para un tercero, un currículo puede ser un instrumento importante. Puede ayudarle a proyectar una imagen más profesional y esto puede mejorar sus oportunidades de éxito.

Es fundamental que un consejero o una persona elocuente, educada en inglés le revise el currículo. Se le cerrarán muchas puertas si usa "Spanglish" o si comete errores gramaticales en inglés. Esta recomendación va dirigida a todos, tanto a los que tienen un Doctorado como a los que tienen solamente un título secundario.

Su Folleto Promocional

Antes de estudiar las diferentes secciones de un currículo, recuerde que lo que está escribiendo es su folleto promocional. Para ser efectivo debe concentrarse en el cliente (el empleador). Así que piense: ¿A qué compañía le estoy enviando esto? ¿Qué necesidades está tratando de cubrir esta compañía? Cuanto más sepa sobre la empresa, mayores serán sus oportunidades de conseguir una entrevista.

A veces la mejor manera de incluir las palabras claves correctas en su currículo, es visitando en el Internet diversos sitios de la industria en la cual está solicitando trabajo. Si sabe el nombre de la compañía que puso el aviso del empleo en el cual usted está interesado, visite el sitio en línea. Lea acerca de los objetivos de la compañía y también qué necesidades tiene. Esta información le ayudará a dirigir mejor su currículo y la carta de presentación que adjunte.

Es Importante Entusiasmarse

Recuerde que el principal propósito de su currículo es intrigar lo suficiente al empleador para que quiera saber más sobre usted. Sin embargo, parecería ser que lo más difícil de escribir un currículo es escribir cosas positivas sobre uno mismo.

Consejo de un Experto

Janet Benton, directora de *Alliance Opportunity Center* en Fort Worth, Texas, dice que es fundamental que en su currículo capte todas sus destrezas y su educación. A veces puede ser beneficioso pedirle ayuda a un amigo o a un pariente que lo conozca bien. Si no puede escribir su currículo con ellos, al menos pídales que se lo revisen cuando lo haya terminado. Preste atención a sus comentarios para ver si mencionan características suyas que usted olvidó incluir.

Consejo de un Experto

Claire J. Dutt, consejera laboral y de colocación de personal, cree que la búsqueda de empleo es un proceso en el que hay que adecuar sus destrezas a las necesidades del empleador. Este proceso se inicia una vez que usted establece lo que tiene para "vender" —sus talentos, aptitudes, etc. Luego debe poder expresar todo esto en palabras y entusiasmarse para lograr venderse a sí mismo. De ahí puede pasar al currículo. El proceso puede continuar con un llamado telefónico de preselección y luego con la entrevista personal.

Si ha estado desempleado por un tiempo largo, póngase en contacto con una agencia de empleo o con un centro de carreras y consiga primero un par de asignaciones laborales para incluir en su currículo. Esto lo ayudará a ponerse al día en el mercado laboral actual.

No Mienta

Es muy importante que no mienta en su currículo (ni en su solicitud de trabajo ni en la entrevista). Dentro de las mentiras se incluyen las siguientes (pero cuidado, que las mentiras no se limitan sólo a estas):

- decir que se graduó de una universidad cuando solamente asistió, pero no se graduó (o se graduó de otra universidad);

- decir que tuvo cierto puesto en una compañía cuando en realidad tuvo otro;

- decir que tiene experiencia o entrenamiento para hacer cierto trabajo cuando en realidad no lo tiene;

- decir que su salario fue mayor o menor de lo que en realidad fue;

- decir que tiene un mejor nivel de inglés o de español del que en realidad tiene; u,

- omitir hablar de errores pasados o de condenas criminales.

Si tiene intervalos en su historia laboral, no mienta. Explique qué hizo mientras estaba desocupado: ¿tomó cursos, trabajó de voluntario, crió niños, se ocupó de un pariente enfermo? Si durante ese período de tiempo estuvo buscando trabajo, explique cómo llevó a cabo su búsqueda: ¿se entrevistó con numerosas empresas, fue a reuniones para expandir su red de contactos, se hizo miembro de la Cámara de Comercio, etc.?

La mayoría de los reclutadores afirman que si usted mintió sobre su pasado en su solicitud y ellos lo descubren, no lo contratarán sin importarles cuán pequeño haya sido el error, o cuánto tiempo hace. Es más, incluso si ya lo han contratado y el empleador descubre la mentira más tarde, lo pueden despedir por haber mentido en su solicitud de trabajo, en la entrevista o en su currículo.

Averiguación de Antecedentes

A partir de los recientes escándalos corporativos, las empresas se han vuelto más cautelosas respecto de los antecedentes de sus empleados. De manera que un mayor número de compañías está averiguando los antecedentes de cada candidato. Algunas lo hacen ellas mismas y otras contratan empresas especializadas en esta área. Una regulación federal llamada *Fair Credit Reporting Act* requiere que las empresas les avisen a los solicitantes cuando van a averiguar antecedentes por medio de una tercera compañía. También tienen obligación de hacerle saber si encontraron algo en sus antecedentes que perjudicará su oportunidad de obtener una oferta de trabajo. De este modo, si hay un error, usted puede hablar con la agencia que condujo la averiguación.

El empleador llevará a cabo una averiguación de antecedentes de acuerdo al nivel de responsabilidad de la posición para la cual usted se está entrevistando. Pueden investigar su estado inmigratorio, sus antecedentes crediticios, sus antecedentes penales, sus relaciones con ex compañeros de trabajo y con ex jefes y su expediente académico.

Tipo de Currículos

Si bien hay dos tipos principales de currículos: el cronológico y el funcional, el más aceptado es el cronológico. Tanto los empleadores como los entrevistadores quieren saber qué hizo, a dónde y cuándo y la mejor manera y la más rápida de verlo es en un formato cronológico. Algunas personas pueden interpretar que si elige el formato funcional es porque tiene intervalos en su historial de empleo que quiere ocultar. De cualquier manera, recuerde que el currículo debe permitirle al entrevistador figurarse rápidamente cuántos años de experiencia tiene usted, dónde trabajó y qué nivel educativo tiene.

El Currículo Cronológico

En el currículo cronológico presente sus empleos desde el más reciente hasta el más antiguo en orden cronológico. (Por favor note que en muchos países "cronológico" significa del más viejo al más reciente y este es el orden *opuesto* al que se usa en los Estados Unidos). Este currículo está diseñado para mostrar los avances en su carrera. Se lee rápido y expone cualquier hueco en su historial laboral. Es de lejos, el formato preferido por la mayoría de los empleadores. Es bueno usarlo cuando tiene antecedentes laborales consistentes (sin intervalos); cuando ha tenido trabajos con responsabilidades cada vez mayores y cuando sus logros más importantes se han dado en los puestos más recientes.

El Currículo Funcional

En el currículo funcional el énfasis se pone en sus destrezas en vez de cuándo y dónde trabajó. Debe destacar algunas de sus principales habilidades, logros y calificaciones arriba de todo en la página, sin preocuparse de cuándo ocurrieron en su carrera. Este formato funciona bien si la mayor parte de sus logros se dieron hace muchos años; si se acaba de graduar de la universidad o de la escuela secundaria, o si usted es una persona mayor que está intentando desviar la atención de su edad.

Consejo de un Experto

Greg Chartier, de la oficina de *Gregory J. Chartier*, recomienda este tipo de currículo para gente que ha tenido una serie de posiciones inconexas; para aquellos que están haciendo un cambio de carreras o que no tienen mucha experiencia.

Partes del Currículo

Un currículo tiene varias partes claramente definidas que cubren los diversos aspectos de sus antecedentes y calificaciones. Si bien el nombre de las secciones puede variar, la secuencia es en general siempre la misma.

- *Encabezamiento (Heading)*: su nombre, dirección, número de teléfono, correo electrónico.

- *Objetivo (Objective)*: en general no se usa en los currículos de Latinoamérica y se está volviendo cada vez menos común en Estados Unidos.

- *Resumen o Perfil (Summary or Profile)*: dos o tres oraciones que resumen los elementos importantes de sus antecedentes, aptitudes y talentos.

■ *Experiencia Laboral (Experience or Work History)*: un listado de todos los trabajos y responsabilidades que tuvo en cada empleo.

■ *Educación (Education)*: títulos, escuelas y universidades en donde estudió.

■ *Destrezas Especiales (Special Skills)*: una lista de programas de software, idiomas extranjeros, habilidades bilingües y cualquier otra destreza específica que se relacione con el empleo al cual está enviando el currículo.

■ *Otras (Other)*: organizaciones profesionales a las que pertenece, publicaciones, servicio militar, referencias.

Encabezamiento

Arriba y en el centro de la página coloque su información siguiendo este formato:

Ejemplo:

Nombre
Dirección
Ciudad, Estado, Código Postal
Teléfono
Correo electrónico

Objetivo

La mayoría de los reclutadores y empleadores creen que no se necesita un objetivo. Incluso alguna gente puede llegar a descartar su currículo si su objetivo no coincide con el de ellos. En otras palabras, si no puede hacer coincidir su objetivo con el del empleador, no incluya uno en su currículo.

> ### <u>Consejo de un Experto</u>
>
> Susan Landon, una reclutadora ejecutiva, cree que si usted tiene una carrera muy diversificada o si ha tenido muchos empleos diferentes, poner el objetivo al principio de su currículo puede ayudar al empleador para saber adónde ubicarlo dentro de la compañía.

Si decide incluir un objetivo, es fundamental que coincida con el empleo que se ofrece. No use el mismo objetivo—como tampoco debe usar el mismo currículo—para todos los trabajos que solicite. Lea cada aviso clasificado y entienda las necesidades de la compañía. Luego use algunas de las palabras claves en su objetivo. Revise lo que escribió antes acerca de sus destrezas y el tipo de trabajo que le gustaría conseguir. Relea el párrafo que escribió y rescríbalo siguiendo el formato de algunos de los ejemplos de objetivos laborales.

Ejemplo:
- Utilizar mis diez años de experiencia en telefonía celular para desarrollar nuevos productos.

- Utilizar mi precisión con los números y mi seriedad, para trabajar a tiempo completo como cajero en una tienda.

Resumen o Perfil
El resumen es una breve sección donde debe destacar sus aptitudes. Habla de quién es usted y qué puede ofrecerle al empleador. Lo puede escribir como un párrafo corto o como una serie de puntos. La mayoría de los expertos recomiendan que se concentre en sus

antecedentes profesionales—qué hace y cuánto tiempo hace que lo viene haciendo. Si decide incluir un resumen, asegúrese de usarlo como muestra interesante que atraiga al reclutador para que siga leyendo.

Ejemplo:
- Responsable, con especial cuidado en los detalles.

- Gran auto motivación con fuerte habilidad para la negociación.

- 15 años de experiencia en administración de cuentas.

Experiencia Laboral

En los Estados Unidos la gente quiere entender la razón por la cual tomó cada decisión en su carrera. Por eso es tan importante modificar el currículo para que responda a cada empleo al cual está enviando una solicitud. Concéntrese en este trabajo en particular y presente sus empleos y actividades pasadas según corresponda. Es probable, que para usted sea algo positivo poder hacer una serie de cosas diferentes; pero en los Estados Unidos eso despierta sospechas. En este país la gente considera que no se puede ser experto en una multiplicidad de cosas.

Para cada empleo que ponga en su currículo incluya lo siguiente (recuerde que debe listar primero su trabajo más reciente):

- título que tenía (por ejemplo: gerente, enfermera, etc.);

- nombre de la compañía donde trabajaba, con la ciudad y el estado;

- fechas en las que tuvo ese trabajo—de qué mes y año a qué mes y año;

- responsabilidades generales que tenía; y,

- principales logros.

Utilice más lugar para describir sus trabajos más recientes (los últimos cinco a ocho años) y menos lugar a medida que retrocede en el tiempo. Si la experiencia que tuvo en un empleo hace diez años es significativa para el trabajo al cual está enviando el currículo, use más lugar. Recuerde que como está a-justando su currículo a cada trabajo, no necesita listar todas las responsabilidades que tuvo en cada posición sino solamente las relevantes para el trabajo en particular al que está respondiendo.

Liste sus Logros y Contribuciones

En el sistema norteamericano, las personas están muy orientadas hacia los logros. Quieren saber qué contribuyó usted a la compañía. No sea tímido. Liste claramente sus contribuciones en su currículo. Por ejemplo, el tipo de cosas que debe listar es: alcanzó o excedió las cuotas de venta preestablecidas; desarrolló un producto, un proceso, un programa o un servicio que impactó la ganancia; le ahorró dinero a la compañía; contribuyó al mejoramiento de la imagen de la compañía; mejoró la producción, abrió nuevas cuentas, nuevos territorios, etc.

Consejo de un Experto

Edward Caliguiri, de *The Response Companies*, está de acuerdo. Dice que en general los candidatos no incluyen suficiente información sobre las actividades que desempeñaron. Sea bien específico sobre lo que hizo en cada empleo. Diga: "Reduje los gastos operativos de la empresa en $100.000 al año" o "El último año cobré $50.000 de pagos vencidos."

Ejemplo:

CLARION FABRICANTE DE PEQUEÑAS HERRAMIENTAS

Supervisor turno noche: Agosto 1997-Presente

Manejó un equipo de 25 operadores de maquinaria pesada.

Principal logro:

Adoptó medidas de seguridad que resultaron en una reducción de las lesiones personales en un 20% y un incremento de producción del 15%.

Ejemplo:

PORFIRIO CENTRO DE LLAMADOS

Representante de Servicio al Cliente: Junio 2000-Presente

Principal logro:

Atendió un conmutador con 100 líneas rotativas y un promedio de 1000 llamadas diarias; 20% más que el representante promedio.

Use Verbos Poderosos

Repito una vez más que si su inglés es limitado, consiga alguien que pueda ayudarlo a escribir su currículo. Hay ciertos verbos que trasmiten la idea de que usted es una persona productiva: crear, desarrollar, implementar y diseñar son ejemplos de verbos poderosos. Úselos cuando hable de las funciones que ha cumplido.

Explique los Intervalos en su Historial Laboral

Como dije antes, si tiene intervalos en su historia laboral va a tener que explicarlos. En general la gente sospecha de los candidatos que tienen intervalos en su currículo y de los que saltan de un trabajo al otro muy seguido. Sin embargo, si tiene uno o dos intervalos debido a una emergencia familiar, a una enfermedad, a que volvió a estudiar, tuvo hijos, etc., puede explicarlos en la entrevista o si le preguntan, durante el llamado de preselección. Sea muy conciso acerca de por qué se tomó un tiempo libre. Dígalo en una frase. No empiece a contar una larga historia a menos que le pidan detalles. Diga algo como: "Me tomé seis meses libres para acompañar a mi mujer a Chile porque le habían ofrecido una posición allí," o "Le hicieron un tratamiento muy complicado a mi padre y tuve que tomarme un tiempo libre para cuidarlo."

Educación

Si aún no tiene su título, explique cuáles son sus circunstancias. Por ejemplo "Equivalencia de título está siendo procesada" o si aún no se recibió pero está en el proceso diga algo como: "GED en progreso, se anticipa tenerlo para Diciembre 2006."

Liste sus títulos, por orden de categoría, del más alto al más bajo. Liste todos los títulos que recibió después de terminar la escuela secundaria.

(Solamente liste su escuela secundaria si no tiene títulos o créditos posteriores.)

Destrezas Especiales

Conocimientos de Computación: liste todos los programas de software que conozca, sean o no relevantes para el trabajo en el que está interesado. Los empleadores pueden quedar impresionados con su conocimiento de algún programa en particular que usted no pensó que era relevante para la posición.

Dominio de Idiomas: es fundamental que liste cada uno de los idiomas que sabe ya que ésta es una de sus ventajas más importantes. Especifique si domina bien el inglés, el español u otros idiomas y clarifique en cada caso, si lo habla, lo escribe o lo entiende. No asuma que porque usted es latino, la persona que lee su currículo va a saber que habla bien español. Tampoco asuma que el entrevistador va a suponer que usted habla bien inglés.

Otras: Organizaciones Profesionales a las que Pertenece, Publicaciones, Servicio Militar, Referencias

Organizaciones Profesionales: liste solamente las organizaciones a las que pertenece que están conectadas con su profesión o con el trabajo que le interesa. No incluya las organizaciones donde hace trabajo voluntario del tipo: Boy Scouts, Salvation Army, etc., porque el empleador puede tener un prejuicio en contra de ellas.

Publicaciones: si busca un trabajo que involucra áreas de escritura, enseñanza o investigación, es importante que haga figurar sus publicaciones. Sea selectivo; no incluya páginas y páginas de artículos publicados.

Servicio Militar: si en los últimos años estuvo en servicio activo, inclúyalo como parte de su experiencia laboral. En cambio, si estuvo en el servicio militar hace 20 años, anote su rango, dónde sirvió y los años de servicio. (Sólo anote esta información si se retiró como corresponde, no si le dieron de baja por alguna razón deshonrosa.)

Referencias: en general la gente escribe una frase que dice: "Referencias disponibles a pedido," sin embargo, en la entrevista tendrá que llenar una solicitud de trabajo en la que deberá listar dos o tres referencias. Es ideal que liste a sus ex jefes o a profesores de la universidad (si se acaba de graduar). Asegúrese de hablar con esas personas *antes* de ir a la entrevista. Averigüe si puede usar sus nombres y si van a dar buenas referencias sobre usted.

Ernesto C. Díaz
312 Main Street
Phoenix, AZ 88888

101-451-0000
diaze@yourmail.com

PROFILE
- Detail-oriented fine furniture builder
- Creative designer of inlaid pieces
- Winner of several awards at regional craft fairs

WORK HISTORY
Owner of carpentry shop with four employees, Phoenix, AZ   1997-Present
- Designs and builds custom furniture for upscale clients
- Participates in regional fairs
  Achievements: Furniture featured in *Woodworking Magazine*
              Won first prize at Tucson Furniture Fair

Marquis Woodsellers (retail furniture store), Phoenix, AZ   1993-1997
- Store manager   1995-1997
  Achievement: Increased sales 20% first year and
     15% second and third year

- Sales person   1993-1995
  Achievement: Best employee of 1995

EDUCATION
Workshop sponsored by   Jan. to Dec.2000
   the Small Business Administration, Phoenix, AZ

15 college credits, University of Arizona   1997-1999

Equivalent to 20 College Credits,
Universidad Tecnológica del Sur de Sonora, Sonora, Mexico   1990-1992

SPECIAL SKILLS
Reads, writes, and speaks Spanish and English fluently.

References Upon Request

Reglas Generales de un Currículo

Hay algunas reglas generales que debe cumplir, cualquiera sea el tipo de currículo que cubra mejor sus necesidades.

1. Use un buen papel color blanco o marfil con textura para las copias que va a enviar por correo; papel blanco sin textura para enviar currículos por fax.

2. Escriba su currículo en una fuente legible como la New Times Roman, 12 puntos.

3. Después de enviar una copia por fax, siempre envíe el original por correo. (Le da una segunda oportunidad de que le presten atención si por alguna razón no ven su fax.)

4. Coloque su nombre en la parte superior de la página en una fuente legible. (Los nombres en letra pequeña son difíciles de leer. Es importante que su información esté a mano cuando el empleador lo quiera llamar.)

5. No subraye su dirección de correo electrónico. Al hacerlo, puede cubrir sin querer puntos o guiones que son parte de su dirección.

6. Deje amplios márgenes con mucho espacio en blanco alrededor de la página. Invita a la lectura y la facilita.

7. Alinee hacia la izquierda los encabezamientos de las diferentes secciones de su currículo: Experiencia laboral, Educación, etc. y luego tabule la información correspondiente: Nombre de cada compañía, etc.

8. Su currículo debe ser perfecto. Verifique que no tenga errores de ortografía o gramaticales.

Consejo de un Experto

La Señora Landon, la reclutadora ejecutiva, agrega que la gente asume que su currículo es la mejor muestra de su capacidad de escritura, dado que tuvo tiempo de pensar, corregir e incluso de pedirle a un experto que lo revise. Si su currículo revela que no domina bien el inglés escrito, el empleador asumirá que su inglés oral es peor. Utilice el diccionario de la computadora para verificar su ortografía, pero también pídale a alguien que hable bien el idioma que revise su currículo. Revise todas las copias que manda por correo electrónico, o por fax con tanto cuidado como revisa las copias que manda por correo.

---

9. Si se graduó recientemente de la universidad, puede preparar un currículo de una página. Si no, lo normal son dos páginas. Los técnicos o personas con mucha experiencia relevante para el trabajo que se ofrece, pueden preparar un currículo de hasta tres páginas.

10. Mantenga un formato consistente. (Si subraya el nombre de las compañías en las que trabajó, subráyelos todos. Sin embargo, trate de minimizar el formateado.)

11. Si va a enviar el currículo por correo electrónico, *evite* todo tipo de formateado.

12. No use **negritas** para destacar una palabra dentro de una oración.

13. No use abreviaciones o siglas.

14. Envíe una carta adjunta de presentación con su currículo. Debe prepararla de acuerdo a la oferta de trabajo, tal como hace con el currículo.

15. No haga correcciones con líquido corrector.

16. No tache palabras u oraciones. Imprima una hoja nueva.

17. Asegúrese de que tiene las fechas correctas y que los empleos están listados en orden cronológico.

El Currículo Electrónico

Durante su búsqueda laboral va a tener que mandar su currículo por correo electrónico a posibles empleadores. Mucha gente inserta su currículo en el cuerpo del correo electrónico o lo adjuntan como un documento de Word. Sin embargo, el formato cambia según la computadora que *lea* su documento, lo que significa que lo que usted manda no es necesariamente lo que el empleador recibe. Pregunte a cada empleador en qué formato prefiere recibir su currículo. (En general lo explican en el aviso o en el sitio de la compañía en Internet.)

Si le piden que mande un archivo ASCII o un currículo electrónico (electronic résumé), debe seguir los siguientes pasos.

1. Haga una copia de su currículo actual y guárdelo ("save as") en "plain text" o "text only file". Cuando haga esto recibirá un mensaje avisándole que va a perder los elementos de formateado. (Esto es exactamente lo que usted está buscando.)

2. Cierre el documento y salga de su procesador de palabras; luego abra de nuevo el documento. Verá la versión ASCII (plain text) de su currículo. Todas las **negritas**, <u>subrayado</u>, *itálicas*, etc., han desaparecido.

3. Arregle su currículo para borrar espacios innecesarios. Use asteriscos en lugar de viñetas (bullets).

4. Asegúrese de que su nombre, dirección, teléfono y dirección de correo electrónico estén en el rincón superior izquierdo de su currículo.

5. Prepare un correo electrónico para usted mismo y adjunte la nueva versión ASCII de su currículo. Envíeselo a usted mismo y fíjese cómo quedó. Esto le permitirá identificar problemas de formateado que necesita arreglar.

Cuando manda un currículo electrónico, muchos empleadores lo agregan a sus bases de datos en las cuales pueden conducir búsquedas electrónicas. La mayoría de los empleadores hacen lo mismo cuando usted manda su currículo por correo normal. (Vea más información bajo Currículo Digitalizable). A continuación, un software especializado busca palabras claves en su currículo y luego éste se coloca en una base de datos que en general está organizada por ocupaciones. Cuando la compañía necesita llenar una posición, utiliza otro software especializado para revisar currículos sobre la base de cuántas palabras claves tienen. Los candidatos cuyos currículos tienen el mayor número de palabras claves que coinciden con los requisitos de la compañía, son los que tienen más posibilidades.

Según expertos en este campo, el software busca sustantivos que reflejen aspectos específicos de su experiencia laboral y sus antecedentes profesionales. Por eso es muy importante que prepare su currículo electrónico para cada trabajo en particular, porque debe incluir las palabras claves típicas de cada trabajo. Por ejemplo, si busca un puesto de secretaria, puede incluir palabras claves como: 80 palabras por minuto, Word 2000, resolución de problemas, y múltiples idiomas.

Para encontrar las palabras claves correspondientes a su trabajo, haga un poco de investigación. Revise avisos clasificados que coincidan con lo que está buscando y saque de ahí las palabras claves. Para buscar anuncios vaya a sitios como **www.Monster.com** o **www.hotjobs.com** e ingrese las palabras claves para el trabajo en que está interesado. Obtendrá mejores resultados si combina el título del trabajo con destrezas específicas o con la industria. Por ejemplo: director financiero, productos de consumo masivo. O facturación médica, hospital.

Una vez que consiga una lista de avisos que tengan sus palabras claves, estúdiela. Tal vez descubra que sus destrezas no coinciden con las que se requieren para hacer el trabajo o que necesita más credenciales. Ahora, si sus destrezas, su experiencia y sus credenciales coinciden con las requeridas, entonces use en su currículo esas palabras claves.

¡CUIDADO!

No envíe correspondencia masiva a través del Internet. ¡Tampoco lo haga por correo normal! Hay muchas compañías de Internet que por una tarifa le envían su currículo a miles de posibles empleadores y agencias de empleo. Esto se llama *"résumé blasting."* Le sugiero que no lo haga. Su currículo no estará dirigido a cada compañía en particular y mucho menos a una persona determinada dentro de la compañía.

Currículo Digitalizable (Scannable Résumé)

Si le piden que envíe su currículo por fax o por correo, llame a la compañía y averigüe si van a digitalizar su currículo. En este caso, lo pasan por un escáner y lo traducen a idioma computacional por medio de un software especial. Para que el escáner pueda leer bien su currículo, usted debe seguir varios pasos.

- Imprima su currículo en papel blanco sin textura con una impresora láser o *ink jet* de buena calidad.

- Use una fuente clara como la Arial, 11 puntos o la New Times Roman, 12 puntos.

- Use *texto claro*: no use subrayado, negritas, itálicas, columnas, etc.

- Recuerde usar en el cuerpo del currículo todas las palabras claves apropiadas para el trabajo que le interesa. Trate de colocarlas al principio, ya sea en el objetivo, en el resumen, o en su experiencia laboral más reciente. (Muchos programas buscan palabras claves en las primeras 100 palabras de su currículo.)

- Escriba su nombre en la parte superior de la página. Si su currículo tiene más de una página, incluya su nombre en la segunda y agregue "página dos." No use grampas.

- Antes de enviar por fax un currículo que será digitalizado, llame a la compañía y pregunte si puede enviarlo por fax o si debe mandarlo por correo regular.

- Aún cuando mande una copia por fax, envíe el original sin doblar en un sobre grande por correo regular.

Capítulo 5

Carta de Presentación Adjunta al Currículo

A pesar de que muchos reclutadores y empleadores pasan por alto la carta de presentación que se adjunta al currículo, la mayoría enfatiza cuán importante es que usted mande una.

Consejo de un Experto

Cynthia L. Ganung, reclutadora profesional del White Plains Hospital Center en White Plains, New York, dice que las cartas de presentación les dan a las personas la posibilidad de ser creativas y mostrar su personalidad. Le permite al autor mostrar un poco más de emoción y muchas veces, explica la Señora Ganung, venden al candidato mejor que su currículo. Es más, ella dice que puede llegar a entrevistar a un candidato para el cual no tiene una posición abierta si la carta se lo vende bien.

El latino que busca trabajo se debe concentrar en sus talentos (le gusta trabajar en equipo, es organizado, resuelve problemas, es bilingüe, etc.) aún cuando nunca haya hecho el trabajo para el cual está preparando la carta. La carta debe enfocarse en su ética laboral, en su carácter y también debe mostrar cómo contribuirá a la compañía en la que está interesado. Aquí es donde debe hacer alarde de la investigación que hizo sobre la compañía.

La carta debe estar tan perfecta como el currículo. Debe captar de inmediato la atención del entrevistador y debe ser corta. *No debe tener más de una página.* Es muy importante que *ni* en la carta *ni* en la entrevista (sea en persona o por teléfono) usted caiga en la trampa de rogar que le den el trabajo. Nunca le diga al posible empleador cuánto *necesita* el trabajo o le dé detalles personales respecto de cuán difícil es su situación financiera o familiar.

NOTA: Concéntrese en lo que tiene para ofrecer y no en lo que la compañía debería darle. La gente que suena demasiado necesitada provoca rechazo en los empleadores serios y son un candidato perfecto para los empleadores abusivos.

Consejo de un Experto

Claire J. Dutt, la consejera laboral y de colocación de personal, explica que se puede usar la carta adjunta de presentación para mostrar cómo sus aptitudes y calificaciones coinciden con los requisitos del empleo. Puede lograr este efecto preparando dos columnas y listándolas una al lado de la otra.

Por ejemplo, si está solicitando un trabajo como conductor de camiones de larga distancia, debe listar los requisitos del aviso clasificado a la izquierda ("sus requisitos") y sus aptitudes a la derecha ("mis aptitudes"):

Sus Requisitos	Mis Aptitudes
CDL Experimentado, licencia clase A	Quince años de CDL, licencia clase A sin violaciones de tránsito
Conocedor de las principales rutas de USA	Cubrió rutas por todo USA por los últimos cinco años
Que pueda levantar 100 libras	Levantó 80 a 100 libras en los últimos tres empleos

Partes de la Carta

- Arriba (centro o izquierda) deben figurar su nombre, dirección, teléfono y dirección de correo electrónico.

- La primera línea de la carta, alineada a la izquierda, debe ser la fecha.

- También alineados a la izquierda deben ir: el nombre de la persona, la compañía y la dirección.

- Primer párrafo: mencione el aviso clasificado al que está respondiendo; dónde y cuándo salió.

- Segundo párrafo: muestre lo que sabe de la compañía. Hable sobre lo que usted puede contribuir a los objetivos de la misma.

- Tercer párrafo: ¡véndase! Si es bilingüe incluya aquí sus habilidades lingüísticas. Recuerde usar palabras claves que sean parte del aviso al que está respondiendo.

- Cuarto párrafo: expanda el tercer párrafo con más detalles sobre usted mismo.

- Cierre: use un cierre fuerte, orientado hacia la acción. Dígale al lector que lo llamará dentro de una semana para arreglar una entrevista.

- Final: encuentre algo original para terminar su carta. Asegúrese de firmar a mano.

- P.D.: incluya una Post Data porque es lo primero que todo el mundo lee. Incluso la puede escribir a mano para atraer la atención. La P.D. debe ser algún dato interesante, algo que le gustaría discutir durante la reunión.

Ejemplo de Carta:
Marcelo González
208 Main St.
Washington, DC 20030

3 de Marzo 2006

Señor Emilio Galeano, gerente de personal
Centros Comerciales Richiardi
111 North Avenue
Washington, DC 20030

Estimado Señor Galeano:
[Primer párrafo] Por medio de la presente estoy respondiendo a su aviso del Chicago Tribune del 2 de noviembre, donde solicita un gerente de ventas.

[Segundo párrafo] Habiendo leído con gran interés la información que figura en su sitio de Internet referida a sus planes de expansión de ventas en su local céntrico, estoy convencido de que puedo contribuir al cumplimiento de sus objetivos.

[Tercer párrafo] En mi posición actual he desarrollado una estrategia de ventas que combina un entrenamiento intensivo de vendedores con un buen contacto con la comunidad, que ha probado ser invalorable. Creo fehacientemente que un servicio al cliente de primer nivel aumenta las ventas. Por lo tanto, el entrenamiento que he desarrollado incluye enseñar a los vendedores los conocimientos básicos del español. Hablar el idioma les permite asistir a un mayor número de clientes.

[Cuarto párrafo] Mi interés por mantenerme al día con lo último en servicio al cliente me lleva a tomar cursos, a ir a reuniones para ampliar mi red de contactos y a leer todo lo que se publica sobre el tema.

[Cierre] Le agradecería la oportunidad de reunirme con usted en persona. Lo llamaré la semana próxima para concertar una cita.

[Final] Estoy realmente muy entusiasmado por esta oportunidad.

Atentamente,

Marcelo González

[Post data] P.D. Hace dos años me hice cargo de un nuevo territorio y en ese plazo lo convertí en el número uno en ventas en todo el país. En la entrevista podemos hablar de cómo puedo obtener esos resultados para su compañía.

Elementos Claves de la Carta

- Dirija la carta a la persona que lo puede contratar, no al departamento de recursos humanos y no "A quien corresponda." (Si está respondiendo a un aviso, trate de investigar la compañía en Internet. Visite el sitio y averigüe quién está contratando. También puede llamar y pedir el nombre de la persona a la que debe mandarle la carta.) Use títulos cuando corresponda: Señora, Señor, Doctor, etc.

- Evite cometer errores de ortografía. Tenga presente que el programa de ortografía de la computadora (spell check) no corrige errores gramaticales. Usted debe corregir su trabajo personalmente o pedirle a alguien que escriba bien en inglés que lo haga por usted.

- Prepare una carta de fácil lectura; mantenga las frases y los párrafos cortos.

- Use una tipografía sencilla y legible como la Times New Roman de por lo menos 12 puntos.

- No incluya una foto a menos que esté buscando una carrera de modelo o actor/actriz.

- No tache información vieja o errónea. Imprima una copia nueva.

- Siempre escriba tanto la carta como el currículo a máquina. No use papelitos adhesivos (post-it) en lugar de una carta. Le dice al lector que no quiso tomarse el tiempo de escribir una carta de verdad.

- Use su dirección real, no una casilla de correo que da la imagen de inestabilidad.

- Evite usar formateado excesivo (negritas, itálicas, etc.).

- No escriba todo en mayúsculas; son difíciles de leer.

- Alinee solamente el margen izquierdo y deje que el derecho fluctúe.

- Evite usar abreviaturas como: Blvd. en lugar de Boulevard, St. en lugar de Street, etc.

Elementos Claves del Contenido de la Carta

- Establezca una conexión personal con el lector. Ofrézcale algo que sabe que necesita.

- Escriba la carta con sus propias palabras. Recuerde: este es el lugar donde debe aparecer su personalidad. Use afirmaciones que hablen de su carácter. Como recomendé anteriormente, si no se siente cómodo escribiendo en inglés, pídale ayuda a alguien que sepa.

- Tenga cuidado con el uso excesivo del pronombre "yo" (I). Trate de concentrarse en los beneficios que puede generarle a la empresa y de esa manera usará el "usted" en lugar de "yo" cuando sea posible. Ejemplo: en lugar de escribir: "Yo soy un excelente creador de imagen," escriba: "Puede utilizar mis 20 años de experiencia en la industria para que contribuya con el cambio de imagen de su compañía."

- Evite dar cifras exactas del salario que desea ganar, aún cuando se lo pregunten en el aviso. De ser necesario, dé un rango con el que se sienta cómodo.

- Antes de enviar la carta de presentación—y recuerde que debe adaptarla a cada empleo al que responde-désela a leer a varios amigos y profesores. Esto se llama "prueba de mercado." Escuche sus comentarios y modifique la carta según crea necesario.

Capítulo 6
La Entrevista

Ya tiene una cita. ¡Arriba el telón! Este es el momento en que se ven los resultados de sus esfuerzos por investigar el mercado y la compañía, por hacer contactos, por darles seguimiento y por escribir su currículo. Todo se junta en este momento clave.

> **NOTA:** El objetivo de la entrevista es recibir una oferta de trabajo. Más tarde puede decidir si desea aceptarla o no.

Entrevista Telefónica

Es muy probable que antes de reunirse con alguien en persona tenga que pasar por una entrevista telefónica de preselección. En general la persona le hará una serie de preguntas para ver si cumple con los requisitos del puesto. El objetivo de la empresa es preseleccionar individuos que luego entrevistarán en persona. ¡Su objetivo es llegar a esa entrevista! Y para eso debe prepararse con sumo cuidado.

Además es posible que el entrevistador lo llame cuando usted menos lo espere para tomarlo por sorpresa. Si le ocurre esto, diga que este no es un buen momento para hablar—y dé una buena razón—y arregle un horario que sea conveniente tanto para usted como para el entrevistador. Tenga cuidado de escribir correctamente el nombre de la persona que lo llamó y su número de teléfono.

Dado que durante una entrevista telefónica usted no ve si el entrevistador está frunciendo el seño, sonriendo, golpeando con impaciencia el pie en el piso, haciendo marcas en su currículo o tachando cosas, debe concentrarse para afinar su percepción al máximo.

Repase las preguntas que figuran al final de esta sección. Preste especial atención a las siguientes áreas.

- Cuénteme sobre usted.

- Explíqueme los intervalos en su experiencia laboral.

- ¿Qué experiencia tiene para hacer este trabajo?

- ¿Cómo calificaría sus habilidades lingüísticas en español y en inglés?

- ¿Qué es lo que más le interesa de este puesto?

- ¿Lo despidieron alguna vez?

- ¿Cuáles son sus requisitos salariales?

Prepárese con mucho cuidado para su entrevista telefónica. Recuerde lo siguiente.

- Utilice un aparato telefónico en el lugar donde tiene toda la información laboral a mano.

- Proyecte auto confianza. Sea asertivo.

- Dé respuestas concisas y directas.

- Conozca de memoria sus aptitudes y experiencia laboral.

- Cuando sienta que la entrevista está terminando, pida en forma explícita una cita; dígale al entrevistador que puede explayarse más sobre su preparación en persona.

- Exprese su agradecimiento por el tiempo que el entrevistador invirtió en usted.

Referencias

Si el entrevistador está interesado en usted, probablemente le pida una lista de referencias. Incluso, es posible que le pida hablar con gente que usted no incluyó en la lista—algún ex jefe, por ejemplo. Sugiérale que preferiría hablar con esa persona antes de que la contacten y luego haga todos los esfuerzos posibles para localizar esa referencia. No actúe como si no quisiera que el entrevistador hablara con esa referencia porque esto puede llevar a que el entrevistador sospeche que usted tiene algo que ocultar. Si le resulta imposible ubicar a la referencia, explíqueselo al entrevistador y coméntele lo que cree que la persona diría sobre usted.

Es fundamental que antes de ir a una entrevista se contacte con su ex empleador (y con toda la gente que figura en su lista de referencias) y que averigüe qué va a decir si le llaman para pedirle referencias suyas. Si le despidieron, ¿puede conseguir que la compañía diga que usted renunció? Si se fue mal, intente suavizar las cosas. Diga que estaba equivocado y asegúrele a su ex jefe que aprendió de la experiencia. Pida disculpas humildemente por los inconvenientes que le trajo a la compañía y deje las cosas en buenos términos.

Cualidades Personales Importantes

Por lo general, los entrevistadores están interesados en que los candidatos tengan ciertos rasgos. Es importante que usted los comprenda y que los adopte lo mejor posible.

- *Una persona orientada hacia los resultados.* Piense en la pregunta: "¿Cómo contribuyó a la compañía o a su trabajo?" Dé ejemplos concretos y concéntrese en los resultados de cada proyecto.

- *Una persona que muestra auto crítica.* No justifique sus errores. Admítalos y esté preparado para explicar qué hubiera hecho diferente.

- *Una persona orientada al cliente.* Prepárese para discutir ejemplos específicos donde haya interactuado con clientes; incluya alguno que muestre su preocupación por hacer lo que es mejor para el cliente.

■ *Una persona flexible.* A los empleadores les gusta la gente que puede seguir las reglas y que al mismo tiempo tiene un plan de contingencia por si falla todo lo demás. Sin embargo, su flexibilidad debe concentrarse en su habilidad para resolver problemas y su creatividad para encontrar nuevas formas de aumentar la producción, las ventas, etc., y no en que puede hacer de todo. En los Estados Unidos las personas se especializan, por lo tanto si usa su flexibilidad para decir que sabe hacer de todo, los empleadores lo mirarán con sospecha. Ese tipo de flexibilidad va en su contra.

■ *Una persona confiable.* Este es el rasgo que necesita para romper con la posible discriminación en contra de los latinos. Preséntese como un empleado confiable y dé ejemplos de su confiabilidad como: "En los últimos cinco años, nunca llegué tarde al trabajo" o "En el último año nunca me tomé un día libre por enfermedad." Esta cualidad también involucra el tema del tiempo. En los Estados Unidos, la impuntualidad es un rasgo negativo. Tiene que aprender a ser puntual, a cumplir con fechas de entrega, horarios y calendarios. Empiece a sentirse cómodo con la idea de que este es un país estable y que por lo tanto puede planificar varios años por adelantado, tal como hace todo el mundo.

■ *Una persona segura de sí misma, asertiva.* Cuide que su necesidad por complacer y ser amable no interfiera con su capacidad de hablar en forma directa respecto de sus conocimientos y aptitudes.

■ *Una persona con una actitud positiva.* Los empleadores quieren gente que tenga una visión positiva de la vida; gente que encuentre soluciones a los problemas. Ocúpese de mostrar su actitud positiva en la entrevista.

Preguntas para el Entrevistador

Finalmente, estar preparado para la entrevista también significa que debe tener una lista de preguntas para hacerle al entrevistador cuando este le haga lo que en general es la última pregunta: "¿Tiene alguna pregunta que hacerme?" Aquí puede mostrar cuánto ha estudiado la compañía. Pregunte algo relacionado con las responsabilidades del empleo para el cual está entrevistando, o sobre la filosofía de la empresa. Vea más información en la sección de Preguntas típicas de la entrevista.

La Entrevista Cara a Cara

Ítems que debe llevar a la entrevista:

- una copia de su currículo;

- una lista de referencias; y,

- una copia de su diploma junto con la traducción y la evaluación de su título.

Le debe quedar claro que el proceso de entrevista está diseñado para que la compañía se entere de lo que usted tiene para ofrecer y no a la inversa. Si tiene esto en mente en todo momento, le resultará más fácil concentrarse en lo que debe preguntar y lo que no. A fin de concentrar su entrevista en lo que usted tiene para ofrecer, debe establecer bien sus talentos, destrezas, experiencia laboral y logros. También debe saber cómo es la compañía y qué está buscando.

Uno de los temas que todos los entrevistadores mencionan es que los candidatos se deben vestir en forma conservadora. Pero esta palabra puede significar cosas diferentes para usted que para ellos. Vestirse en forma conservadora para una entrevista significa que debe vestirse un escalón más arriba de cómo se vestiría para trabajar en ese puesto. Si su entrevista es para una posición gerencial, debe ponerse un buen traje oscuro; si es para un puesto en el depósito, lo apropiado sería un par de pantalones y una camisa. (En este caso no es necesaria la corbata.)

Cómo vestirse va a depender del puesto pero en general la regla es que para posiciones administrativas debe llevar un traje (con corbata para los hombres), zapatos lustrados y cerrados. Revise su ropa, lávela o llévela a la tintorería antes de usarla. Verifique que sus uñas estén limpias y su pelo prolijamente peinado y atado atrás si lo tiene muy largo. Sea discreta con el maquillaje, póngase poco perfume o directamente no se ponga.

Qué Cosas NO Ponerse para la Entrevista

- Zapatos abiertos

- Ropa transparente

- Ropa que muestra demasiado el escote

- Ropa apretada

- Faldas cortas

- Faldas con tajos

- Jeans

- Tenis/zapatillas/zapatos de lona

- Pantalones de gimnasia

- Demasiado maquillaje

- Joyas/bijouterie que hace ruido (demasiados brazaletes, por ejemplo)

- Aretes/pantallas/aros grandes

- Demasiado perfume

- Uñas pintadas con esmalte de colores brillantes

- Gafas de sol a menos que la entrevista sea al aire libre en un día soleado

Qué Cosas NO Llevar a la Entrevista

- Bolsas y paquetes aparte de su cartera y su portafolio. (Si las tiene que llevar sí o sí, pídale a la recepcionista si las puede poner en el armario hasta que concluya la entrevista.)

- Niños o cualquier otro acompañante al que deje afuera esperando mientras usted está en la entrevista.

- Su teléfono celular o "pager." Apáguelo cuando entre al edificio para no olvidarse.

Consejos Referidos al Comportamiento

La sugerencia más importante con la que concuerdan todos los expertos es que cuando vaya a una entrevista con un potencial empleador o con una agencia de empleos, esté *preparado*. Llame antes de ir y averigüe qué debe llevar y cuánto durará la entrevista. Llegue diez o quince minutos antes de la cita. (Se considerará que llegó tarde si llega a la hora exacta de la cita.)

Consejo de un Experto

Dan Struve de Helpmates Staffing Services dice que para obtener un empleo, su presentación y comportamiento deben reflejar una actitud profesional. ¿Cómo se comporta mientras espera que lo entrevisten? ¿Revolea los ojos cuando le piden que complete otro examen? ¿Suspira cada vez que le dan una directiva? ¿Se duerme mientras espera? ¿Tiene su propia pluma? ¿Habla por su celular? ¿Está repantigado (apoltronado) en el sillón? ¿Es amable y profesional con la recepcionista?

Los empleadores asumen que si se comporta mal durante su entrevista, una vez que tenga el trabajo se comportará igual o peor. Tenga presente que su entrevista empieza cuando pone un pie en el edificio donde lo entrevistarán o en el teléfono cuando llama para hacer una cita.

Proyecte Auto Confianza

Uno de los comentarios que hacen a menudo los entrevistadores es que durante la entrevista los candidatos deben proyectar confianza en sí mismos. Muchos latinos tienden a ser menos asertivos en situaciones de estrés y en lugar de proyectar una imagen fuerte y de auto confianza, hablan entre dientes. Practique hablar con seguridad antes de la entrevista. Mantenga su voz firme y un constante contacto visual. Hable de sus logros personales con confianza.

Sea Asertivo

Cuando los latinos se refieren a sus logros tienden a usar "nosotros" en lugar de "yo" mientras que los candidatos norteamericanos siempre usan el "yo." Algunos entrevistadores tienen poco conocimiento de las diferencias culturales. Entonces, cuando escuchan que un candidato dice "nosotros" todo el tiempo, asumen que la persona no alcanzó demasiados logros individuales. Si quiere obtener una posición de liderazgo, tendrá mayores posibilidades si se expresa en forma más asertiva.

Sea Conciso

Un buen número de individuos pierden posibilidades de empleo por hablar demasiado. O bien hablan en exceso o dicen lo que no tienen que decir. Por eso su mejor herramienta es la preparación. (Aún cuando piense que no necesita entrenarse para la entrevista, probablemente lo necesite. Asista a un seminario de entrenamiento en su One Stop Center local, o en la universidad municipal o pídale ayuda a su agencia de empleos. Aunque sienta que le resulta fácil hablar con gente, la situación de entrevista es única y para tener éxito debe practicar.)

Diga las cosas como son. Por ejemplo, si le preguntan: "¿Por qué cambió de trabajo en 1998?" y la razón es que lo dejaron ir, diga simplemente: "La compañía se estaba reduciendo y yo fui una de las personas que perdió su trabajo." No entre en detalles a menos que le pidan que se explaye.

NOTA: Todo lo que diga le puede ayudar o perjudicar. Una simple pregunta como: "Hábleme de usted," que intenta descubrir sus destrezas, educación y experiencia, es conocida por hacer que los candidatos empiecen a contar toda su vida en lugar de concentrarse en lo que el entrevistador realmente quiere saber.

Consejo de un Experto

Arturo Poiré, el sociólogo, explica que los latinos tienden a dar todo el contexto de una situación. Por eso, en general hablan de más. Sugiere que usted se entrene en dar respuestas concisas, en evitar dar demasiadas explicaciones y en evitar dar excusas.

Prepárese para Explicar su Carrera

Tiene que estar listo para explicar su carrera en palabras simples. Como dije antes, a los entrevistadores les gusta entender la lógica que está por detrás de sus decisiones. Mire con perspectiva su carrera y véala como una serie de decisiones lógicas detrás de las cuales siempre hubo un plan, un objetivo a largo plazo. Esto no es fácil de hacer para la mayoría de los latinos que crecieron en países en constante movimiento y cambio. No es grave si cometió errores, pero debe dar la impresión de que en todo momento usted sabía lo que estaba haciendo. Mire su educación y tenga una respuesta lista para la pregunta: "¿Por qué fue a esta universidad en particular?" Mire cada uno de sus empleos y prepare una respuesta racional para la pregunta: "¿Por qué decidió trabajar para esa compañía?" Los norteamericanos valoran más las decisiones racionales que las emocionales, así que aun si algunas de sus decisiones fueron emocionales, piense en explicaciones racionales con las que pueda sustentarlas.

Admita sus Errores y Exprese con Claridad lo que Aprendió

El Licenciado Poiré explica que los latinos tienen una gran dificultad para la autocrítica y para admitir que han cometido un error. Tienden a buscar justificaciones y excusas que en realidad debilitan su posición. Por otro lado, los norteamericanos tienden a admitir de inmediato el error y a fijarse en lo que aprendieron de la experiencia. Esto los hace quedar mucho mejor frente al entrevistador. Parecen más maduros. Prepárese para contestar la pregunta: "Visto en perspectiva, ¿Qué aprendió de esa experiencia?" o "¿Qué hubiera hecho diferente?" Diga en forma concreta qué aprendió y qué cambiaría.

Lo que SI Debe Hacer y lo que NO Debe Hacer

• Sí llegue puntual.

• Sí lleve una copia extra de su currículo aún si la mandó por correo.

• Sí conozca los detalles precisos de su experiencia laboral y de su educación.

• Sí hable con sus referencias antes de dar sus nombres.

- Sí déle un apretón firme de manos al entrevistador.

- Sí hable con voz confiada y clara y lo suficientemente alta para que lo escuchen.

- Sí escuche las preguntas y respóndalas lo más completas que pueda sin excederse.

- Sí mantenga un contacto visual, desviando la mirada de vez en cuando para evitar dar la impresión de que está clavando la vista.

- Sí siéntese derecho con las palmas abiertas sobre su regazo o sobre los apoyabrazos.

- Sí mantenga una buena postura.

- Sí sonría.

- Sí lleve su lado extrovertido a la entrevista.

- Sí sea positivo y muestre apasionamiento por lo que hace.

- Sí exprésele al entrevistador que está interesado en el trabajo y que cree que usted va bien con el puesto.

- No se cruce de brazos o meta las manos en los bolsillos.

- No se siente hasta que le ofrezcan asiento.

- No mastique chicle, no coma dulces ni fume.

- No se mueva, juegue con su pelo, golpee la mano en el apoyabrazos o el pie en el suelo.

- No mantenga la mirada baja.

- No se saque los lentes si no ve bien sin ellos.

- No mire por arriba de sus lentes de lectura; quíteselos una vez que los haya usado.

- No pregunte por el salario a menos que se lo pregunte el entrevistador. (Averigüe antes de ir a la entrevista cuál es el rango que están dispuestos a pagar.)

- No hable mal de ex jefes o colegas.

- No interrumpa al entrevistador.

- No mienta en su solicitud (ni sobre fechas, ni sobre salario, ni sobre las razones por las que se fue de sus trabajos anteriores, ni sobre arrestos o condenas, etc.)

Tipos de Entrevistas

Hay varios tipos de entrevistas: uno a uno (donde una sola persona lo entrevista a usted); la entrevista grupal (donde entrevistan a varios candidatos a la vez); entrevistadores múltiples (donde varias personas lo entrevistan a usted); y una serie de entrevistas (donde primero lo entrevista una persona que lo preselecciona y luego lo entrevistan personas de mayor jerarquía o de diferentes departamentos).

Hay entrevistas en las que solamente le hacen preguntas, otras donde le toman exámenes de destrezas y otras donde le hacen cumplir actividades competitivas o cooperativas. El tipo de entrevista que le tocará a usted depende del tipo de trabajo que está buscando y de la compañía.

Preguntas Típicas Durante una Entrevista

A continuación le damos una lista de las preguntas que se hacen con mayor frecuencia en una entrevista (divididas según el tipo de pregunta) y las formas de responderlas.

Preguntas Sobre Usted

• *Hábleme de usted.*

Esta es una pregunta crítica. El entrevistador está intentando averiguar acerca de sus destrezas, experiencia y educación. Quiere saber lo que usted considera importante, qué valores tiene, qué logros ha alcanzado, y cómo va a andar en la compañía. Concéntrese en estas áreas. No hable de su vida personal. Hable de qué le motiva en el trabajo: "Me gusta involucrarme en proyectos que sean un desafío y que me permitan crecer y aprender de los demás. Me gusta ser parte de un equipo en el que la gente pueda contar conmigo." O hable de algún rasgo de su personalidad que muestre quién es usted. Quizá quiera mencionar su perseverancia o su capacidad de resolver problemas o su determinación. Puede dar un ejemplo de su vida personal y hacer la conexión con el trabajo.

- *¿Cuáles son sus debilidades y fortalezas?*

Encuentre alguna cualidad eficaz que tenga y que se relacione con el trabajo. Por ejemplo, si está solicitando para un puesto como diseñador gráfico en una agencia de publicidad, diga algo como: "Soy extremadamente creativo y trabajo bien bajo presión."

Lo más difícil es contestar la otra parte de esta pregunta porque en realidad es mejor no hablar de sus debilidades. La mejor manera de manejarla es tomar un rasgo positivo y llevarlo al extremo y luego explicar cómo ese rasgo impacta su desempeño. Por ejemplo: "Soy demasiado perfeccionista y a veces eso me vuelve poco tolerante con los terceros cuando ellos no lo son." Este es un tema muy importante que usted debe pensar antes de la entrevista. También reflexione en esta pregunta: ¿Qué consecuencia tiene mi debilidad en mi desempeño laboral?

- *¿Adónde se ve usted en cinco o diez años?*

En general esta es una pregunta difícil para los inmigrantes recientes que están acostumbrados a países donde nadie sabe lo que ocurrirá mañana. Trate de ser realista y describa objetivos que pueda cumplir. Explique de qué manera los puede alcanzar por medio del empleo que está solicitando. Por ejemplo si está solicitando un empleo de asistente administrativo, puede decir algo como: "En cinco años me gustaría tener mi título universitario y poder ascender a una posición más alta en la compañía."

- *¿Piensa regresar a vivir a su país? ¿Por cuánto tiempo piensa quedarse en la compañía?*

Sopese cuidadosamente sus respuestas. Algunas personas preguntan sólo por curiosidad y no esconden nada detrás de la pregunta. Otras pueden estar tratando de averiguar si usted está en el país por largo plazo o no. Si no piensa regresar a su país, simplemente dígalo. "Estoy feliz viviendo en los Estados Unidos y no tengo planes de regresar a mi país." Si no está seguro de cuáles son sus planes futuros, deje la respuesta abierta. Diga algo como: "No estoy seguro qué voy a hacer cuando llegue el momento de jubilarme. Pero por ahora, mientras el trabajo sea un desafío y pueda aprender y desarrollarme, no veo la necesidad de regresar a mi país." (En cuanto a la segunda pregunta, recuerde que las empresas invierten mucho dinero en un nuevo empleado y no lo harán si tienen la sensación de que la persona se va a quedar por un corto plazo.)

- *¿Cuáles son sus logros más importantes?*

La respuesta debe ser relativa al trabajo. Piense en algo que está orgulloso de haber logrado. Por ejemplo: "Como portero (superintendent) de un condominio contribuí a la reducción de los gastos de mantenimiento al encontrar nuevos proveedores y maneras más eficientes de mantener la propiedad." Tal vez sea oportuno agregar que piensa que hay logros mucho mayores por delante. (Acuérdese de armar las frases acerca de sus logros usando "yo" y "mi" en lugar de "nosotros" y "nuestro.")

- *¿Cómo se lleva con otra gente?*

El entrevistador está tratando de descubrir si a usted le gusta trabajar en equipo. Comente el hecho de que siempre pide sugerencias, que escucha las ideas de terceros y que siempre está listo a ayudar a alguien que le pida su consejo u opinión. (Piense en algún ejemplo concreto.)

Preguntas Sobre el Trabajo

- *¿Por qué quiere trabajar aquí?*

Posibles respuestas: "Me encanta la visión de la compañía," "Es un excelente lugar para poner en práctica mi preparación," o "Es una oportunidad de crecimiento fantástica." Evite respuestas del tipo: "No sé", "Nunca trabajé en una compañía como esta y quiero probar," o "Queda cerca de mi casa."

- *¿Qué es lo que más le interesa de este trabajo?*

Antes de responder debe estar seguro de que sabe los datos específicos sobre este trabajo. Luego trate de figurarse cuál es el mayor problema que tiene la empresa que esta posición intentará resolver. Por ejemplo: están contratando un gerente de oficina y usted nota que el mayor desafío es la comunicación interdepartamental. En este caso podría decir algo como: "Me interesaría usar mis cualidades organizativas y de comunicación para desarrollar fuertes canales de comunicación entre los distintos departamentos."

- ¿*Cómo puede ayudar al crecimiento de esta compañía?*

Concéntrese en lo que tiene para ofrecer. "Trabajando con eficiencia puedo ayudar a mejorar su producción, ventas y tiempo de entrega." "Usando mi excepcional habilidad financiera puedo bajar costos y aumentar el margen de ganancia de la empresa."

- ¿*Por qué debería contratarlo?* o ¿*Qué puede hacer usted por nuestra compañía que otros candidatos no pueden?*

Este no es el momento de ser tímido o humilde. Diga algo que lo habilite para hacer el trabajo y déle sustento con un ejemplo.

Consejo de un Experto

Robin Eletto, directora de Recursos Humanos Globales de Disney Publishing Worldwide, pone énfasis en cuán importante es saberse de memoria el "comercial de un minuto." Tiene que decir en forma clara y concisa qué hizo en su trabajo actual (o en el último) y qué hará en el puesto que está solicitando.

- ¿*Qué experiencia tiene para hacer este trabajo?*

Asegúrese de saber cuáles son las tareas específicas que tendrá que desempeñar en este empleo. Una vez que lo tenga claro, piense en experiencias previas en las cuales desempeñó actividades similares y en las destrezas que tiene y que puede transferirlas al puesto que está solicitando. ¿Necesita ser perseverante? ¿Debe usar su habilidad comunicativa? ¿Deberá usar las manos en este empleo, tal como lo hizo en sus empleos anteriores? ¿Tendrá que usar sus conocimientos de computación para hacer investigación? Después de pensar en esto por un momento, dé ejemplos de experiencias pasadas o de destrezas transferibles que puede aplicar en este trabajo.

- *¿Cuáles son sus requisitos salariales?*

Dentro de lo posible, trate de demorar la respuesta a esta pregunta hasta que tenga toda la información sobre las tareas que se espera que desempeñe. Mejor aún, hasta que la compañía le haga una oferta. Sin embargo, esta no es siempre una posibilidad real. Si el entrevistador insiste en que usted dé una respuesta, no le quedará más remedio que hacerlo. Con suerte, usted habrá investigado los salarios de la industria para este tipo de empleo y si es posible, los salarios de otros empleados en la compañía que están en puestos comparables.

Recuerde que una vez que usted dé un rango salarial, no puede arrepentirse y renegociar. Por otro lado, el entrevistador también le puede preguntar cuál es su salario actual o el más reciente. En este caso, debe dar una cifra exacta.

Preguntas Acerca de sus Habilidades

• *¿Cómo calificaría sus habilidades lingüísticas en inglés?*

Tiene que ser honesto. Tenga presente que el entrevistador lo está escuchando hablar en inglés. El objetivo de la pregunta puede llegar a ser comprobar si tiene auto crítica. Si sus habilidades verbales son buenas pero sus habilidades escritas no, ponga énfasis en que considera que las dos son igual de importantes y en que está trabajando en perfeccionar su escritura. Si sus habilidades verbales no son tan buenas, diga que está tomando cursos (si no es verdad, diga que está buscando cursos para tomar) para mejorar su dominio del idioma.

• *¿Cómo calificaría sus habilidades lingüísticas en español?*

El hecho de que haya nacido en un país hispano parlante o haya sido criado por padres que hablaban español, no garantiza que usted tenga un buen dominio del idioma en todas sus formas. Tal vez sólo habla español de la calle o quizá lo habla pero no lo escribe bien. Sea honesto con sus habilidades porque los entrevistadores le tomarán un examen. Si está interesado en una posición bilingüe donde el buen dominio del español es uno de los requisitos y usted no lo domina, ofrezca tomar cursos de escritura o de conversación para mejorar su nivel.

- *¿Cómo organiza su tiempo?*

Dé ejemplos de cómo mantiene sus prioridades. Por ejemplo: "Hago listas y elimino los ítems a medida que voy completando las tareas; tengo un calendario, etc."

- **Cuénteme de algún problema difícil y cómo lo resolvió.**

Debe destacar su capacidad analítica y de resolución de problemas. Diga que observa cada problema desde todos los ángulos para encontrar la causa real. En segundo lugar evalúa los costos y consecuencias de cada posible solución. Una vez que encuentra la mejor solución la implementa. Luego de explicar esto, dé un ejemplo real donde haya usado su capacidad de resolución de problemas.

- *¿Cómo maneja la presión?*

El trabajo para el que está entrevistándose puede conllevar presión o no. Desarrolle la respuesta de acuerdo a la situación en la que se encuentre. Puede decir: "Mantengo la calma bajo presión pero intento organizar mi trabajo y el de mis subordinados (si corresponde) para evitar la presión de plazos irrazonables."

- *¿Al mirar hacia atrás, ¿qué hubiera hecho diferente en su carrera?*

Observe su carrera y elija algo que le gustaría cambiar. Por ejemplo: "Hubiera tomado más cursos de software que me habrían permitido avanzar más rápidamente en mi carrera" o "Hubiera revalidado mi título antes."

Preguntas Sobre su Empleo Actual o Sobre el Último Empleo que Tuvo

• *¿Qué le gustaba y qué le disgustaba de su último (o actual) empleo?*

La pregunta intenta descubrir incompatibilidades. Puede hacer que usted hable mal de su ex empleador, algo que debe evitar. Diga algo así como: "Me gustaba todo de mi empleo anterior. La única razón por la que me quería ir es que busco un lugar en el que pueda hacer una mayor contribución."

• *¿Qué piensa de su jefe actual o de su ex jefe?*

Evite decir nada negativo sobre su jefe. Concéntrese en algún rasgo positivo. "Era un gran líder" o "Tenía una gran capacidad de motivarme y mantenerme concentrado en los objetivos."

• *Explique los intervalos en su experiencia laboral.*

Si alguno de intervalos es debido a que usted o algún pariente cercano estuvo enfermo, explíqueselo al entrevistador y luego asegúrele que usted o su pariente se han recuperado por completo. Si fue por estar criando niños, aclare qué otras actividades estuvo haciendo en esa época: trabajo voluntario, cursos, etc. Si fue un período en el que no consiguió trabajo, concéntrese en las oportunidades de desarrollo personal que aprovechó: viajes educativos, cursos, entrenamientos, etc.

Si su intervalo laboral es reciente porque recibió una indemnización y se tomó seis meses para pensar en el próximo paso que daría en su carrera, explique qué hizo durante ese período. Los norteamericanos entienden que la gente cambia de trabajo y de carrera varias veces en la vida y que casi todo el mundo pasa por épocas de desempleo.

• *¿Alguna vez lo despidieron?*

Si no lo despidieron nunca, aclárelo y continúe con la próxima pregunta. Si lo despidieron como parte de una reestructuración en la que la compañía se redujo, explique la situación en forma concisa. Si lo despidieron por una buena razón, esta es una pregunta difícil de responder. Entienda que si este es el caso, probablemente la compañía va a verificar sus referencias. Diga algo como: "En esa época estaba pasando por un muy mal momento en mi vida y lamento decir que me merecía que me despidieran. Había perdido el interés en el trabajo y no me estaba desempeñando bien."

• *¿Cómo se las arregla para ir a entrevistas cuando tiene un empleo?*

La clave aquí es no decir que le mintió a su empleador y le dijo que tenía una cita con el médico cuando en realidad está buscando trabajo. Diga que tenía días personales y de vacaciones a su disposición y que le preguntó a su supervisor cuándo era el mejor momento para tomárselos ya que tenía que ocuparse de asuntos personales.

Preguntas Finales

• *¿Alguna vez fue condenado?*

Para algunos puestos, esta pregunta aparecerá en la solicitud de empleo o se la formularán durante la entrevista. Si se la hacen, debe contestar la verdad. Las condenas no se borran de su récord. Empresas como los bancos le tomarán las huellas digitales y conducirán una exhaustiva investigación de antecedentes antes de contratarlo. Si en el reporte aparece algún dato que usted no les dio, aun cuando sea un arresto por conducir bajo la influencia del alcohol cuando era adolescente, lo eliminarán como candidato por haber mentido en su solicitud. Si alguna vez lo arrestaron pero nunca lo declararon culpable, no hace falta que diga nada.

• *¿Tiene alguna pregunta para mí?*

Esta es generalmente la última pregunta que le hará el entrevistador. Está diseñada para ver si usted tiene interés en la compañía. *Nunca diga:* "No, creo que no." Antes de la entrevista piense en dos o tres cosas que quiera preguntarle al entrevistador.

Ejemplo:
"¿En qué dirección está yendo la empresa?" "¿Cómo me ve a mí en la compañía?" "Leí que están abriendo un local en Dallas, ¿para cuándo lo tienen planeado?" "¿Cuál es la mejor manera de darle seguimiento a esta entrevista?" "¿Qué tipo de entrenamiento se requiere para este puesto?" "¿Cuál sería el primer proyecto en el que estaría involucrado?"

Preguntas Ilegales: Algunos Datos

La *Comisión de Igualdad de Oportunidades de Empleo (Equal Employment Opportunity Comisión-EEOC)* establece que los empleadores no pueden discriminar en contra suya por: edad, estado civil, incapacidad física (incluyendo embarazo), origen, raza, religión o preferencia sexual. Por lo tanto, no tiene obligación de contestar preguntas relacionadas a estos temas.

También es importante que sepa que legalmente, un empleador no puede basar su decisión en el acento extranjero de un empleado, a menos que su acento interfiera materialmente con su desempeño laboral. Por ejemplo, si lo están contratando como mesero y usted habla suficiente inglés como para entender a los clientes y que éstos lo entiendan, su dominio del idioma no debería ser un problema para contratarlo. Pero si lo están contratando como gerente del restaurante, y estará a cargo de poner órdenes de compra, manejar papelería, etc., puede que no lo contraten si no habla bien inglés.

Un empleador puede adoptar como regla que sólo se hable en inglés (English only) por razones no discriminatorias. Esta regla puede usarse para promocionar la seguridad o el manejo eficiente del negocio del empleador.

NOTA: Si bien la ley federal prohíbe a los empleadores contratar personas sin permiso de trabajo, los empleadores que emplean trabajadores indocumentados tienen prohibido discriminar contra ellos. De manera que aunque no tenga papeles legales para trabajar, si lo contratan, su empleador no puede discriminar en contra de usted.

Cómo Manejar Estas Preguntas

Concentre su atención en lo que el empleador está tratando de descubrir con estas preguntas. Por ejemplo, si le pregunta: "¿Está casado?" Lo que puede estarle preocupando es su estabilidad, su compromiso y si es de fiar. Usted puede responder así: "Sí, estoy casada y soy una persona responsable con la que se puede contar." Si usted es una mujer y le preguntan: "¿Tiene hijos pequeños?" La preocupación puede ser su disponibilidad para ir a trabajar. Puede contestar: "Sí, tengo dos hijos pequeños a los que cuidan mi hermana y mi mamá de manera que nunca tengo problema en llegar puntual a mi trabajo."

Consejo de un Experto

Janet Benton de Alliance Opportunity Center, dice que en esta época hay tanta información disponible, que un empleador puede averiguar prácticamente cualquier dato. Así que en lugar de rehusarse a responder la pregunta y poner de malhumor al entrevistador, (si en realidad usted quiere ese puesto), conteste las preocupaciones del empleador.

También es importante pensar que no todas las preguntas "ilegales" se hacen con intención de discriminar. Quizá el entrevistador esté simplemente tratando de conocerlo un poco más. En ese caso dar una respuesta evasiva o rehusarse en forma abierta a contestar una pregunta puede perjudicar sus posibilidades de conseguir el trabajo.

Concluyendo la Entrevista

Para el fin de la entrevista usted ya debe tener una idea sobre cómo le fue y si desea aceptar el puesto o no. Si el entrevistador le pregunta cuánto quiere ganar, si se mudaría por esa posición o cuándo puede empezar, ya sabe que le fue bien. Otra buena señal de que el entrevistador está interesado, es si verifica sus referencias, si le hace una oferta o si le muestra las instalaciones de la compañía.

Si ve algunos de estos signos y quiere el puesto, muestre su entusiasmo. Diga: "Estoy muy interesado en esta posición." O "Fue una entrevista muy informativa, gracias por su tiempo. Estoy convencido de que soy el candidato adecuado para la posición y estoy muy interesado." No sea tímido; exprese su interés con confianza. Este no es el momento de ser humilde.

Eso sí, no suplique. Hay una gran diferencia en expresar su interés por el trabajo y en suplicar o dar la impresión de estar desesperado. Lo mejor es evitar hablar de su difícil situación financiera o de cuánto necesita el empleo. Al entrevistador no le interesa lo que usted necesita sino lo que la compañía necesita y si usted es la persona adecuada para llenar esas necesidades.

Temas de Conversación que Debe Evitar

- No pida nombres de otros individuos a los que podría contactar para un puesto de trabajo.

- No presione al entrevistador para que tome rápido una decisión.

• No le diga al entrevistador que tiene otras ofertas de trabajo.

• No pida que le hagan una crítica.

• No suplique o dé la impresión de estar desesperado.

Nota de Agradecimiento

Es una buena idea enviarle una nota de agradecimiento al entrevistador. Aún cuando pueda mandarla por correo electrónico, envíela por correo normal. Tendrá mucho mayor impacto.

Incluya la siguiente información.

■ Haga referencia a la posición para la cual lo entrevistaron y agradézcale al entrevistador su tiempo.

■ Refuerce su preparación para el puesto y lo adecuado que es su perfil para las necesidades de la compañía.

■ Indique que queda a la espera de recibir noticias del entrevistador.

■ Exprese una vez más su agradecimiento.

Capítulo 7

La Oferta de Trabajo

El último paso en la búsqueda de trabajo, es la oferta de empleo. Por lo general, la compañía lo llamará por teléfono y le hará una oferta o le pedirá que regrese para discutir sus requisitos salariales. Algunas compañías le darán unos días para pensar en la oferta mientras que otras sólo le darán unas horas. En realidad depende del mercado laboral del momento y de cada compañía en particular.

Las personas que contratan personal en los Estados Unidos y en países Latinoamericanos usan dos enfoques distintos; uno cuando están en Estados Unidos y otro cuando no lo están. Por lo tanto, esté alerta porque en este país usted puede negociar los términos de su empleo, algo que no es frecuente en países Latinoamericanos.

Evaluación de la Oferta

El salario en realidad no es todo. Cuando contempla una oferta, debe mirar el salario más los beneficios y las gratificaciones. También es importante considerar temas como un horario flexible, la posibilidad de trabajar desde casa con una computadora, el ambiente laboral, la actitud de la empresa respecto de las minorías, o el hecho de que el trabajo queda cerca de su casa.

Cuando evalúe una oferta, analice los siguientes puntos:

- ¿Este puesto le ayuda a avanzar en su carrera?

- ¿Está interesado en la industria en la que opera la compañía?

- ¿El salario le cubre sus gastos mensuales?

- Si actualmente tiene empleo, ¿cómo se compara el sueldo y los beneficios que le ofrecen con lo que gana ahora?

- ¿Los beneficios son comparables con los que tiene en este momento? (¿Son similares a los que ofrece la competencia?)

- ¿Qué beneficios adicionales le ofrece la compañía? (Compartir el puesto con otra persona, trabajar desde casa, horario de trabajo flexible, más días de vacaciones, entrenamiento, reembolso por cursos educativos, un vehículo de la empresa, cuidado de niños, mayores posibilidades de progreso, etc.)

- ¿Qué posibilidades de avance tienen las minorías en esta empresa? (¿Hay latinos en posiciones de jerarquía?)

- ¿Está bien ubicada la compañía?

- ¿Tiene que mudarse para aceptar este puesto? (¿Vale la pena cambiarse?)

Si después de evaluar estos puntos, considera que es una buena oferta pero aún hay ciertas cosas que le gustaría negociar, lo puede hacer.

Cuándo Puede Negociar

Su capacidad de negociación se basa en cuán fuerte sea su posición. Considere lo siguiente:

Posición Fuerte:

- El mercado laboral es fuerte (hay baja tasa de desempleo).

- El puesto ha estado vacante por mucho tiempo.

- Sus habilidades están en gran demanda.

- Usted es el inventor, diseñador, o el dueño de la patente de un producto o servicio.

Posición Débil:

- El mercado laboral es débil (hay alta tasa de desempleo).

- La compañía entrevistó a docenas de personas con su misma preparación.

- En la industria hay un rango salarial estándar para este puesto.

- Usted propuso el rango salarial o cualquier otro ítem que ahora quiere renegociar.

NOTA: Que le hagan una oferta de trabajo significa que la compañía lo seleccionó a usted entre todos los candidatos porque consideran que es el más adecuado. No se comporte como si usted fuera indispensable regresando a la mesa de negociaciones con una lista de exigencias poco realistas.

Ítems que Puede Negociar:

- El salario.

- Cualquier aspecto de los beneficios incluyendo días de vacaciones, cobertura de salud, 401K, etc.

- Las gratificaciones incluyendo un vehículo de la compañía, teléfono celular, computadora portátil, etc.

- Horario de trabajo flexible, incluyendo la posibilidad de compartir el puesto con otra persona, trabajar desde su casa, etc.

- Su título en la posición.

Ítems que No Puede Negociar:

- Nada que se haya establecido en la entrevista como un requisito.

- Ninguna promesa que usted haya hecho en la entrevista (por ejemplo, si lo contratan porque usted dijo que podía terminar un proyecto para una determinada fecha, no puede ahora decir que no lo podrá terminar).

- Cualquier regulación de la compañía que se aplique a todos los empleados por igual (por ejemplo que debe llevar traje y corbata o que tiene 45 minutos de almuerzo).

Antes de comenzar a negociar debe tener claro qué puede aceptar y qué no. Trate de ubicarse en una posición donde todos ganen. De esta manera comprenderá rápidamente qué es preferible no pedir ciertas cosas.

Durante el proceso de negociación deberá ceder ciertas cosas para obtener otras. Por ejemplo, si no quiere trabajar los fines de semana pero la compañía exige que trabaje un sábado por mes, puede negociar que le den un lunes al mes libre. Sea flexible pero siempre tenga en mente sus necesidades mínimas. (Si acepta cosas que no le sirven—un salario demasiado bajo, que no le den seguro de salud, etc.—se arrepentirá más adelante.)

Con suerte, sus negociaciones serán fructíferas y le darán el puesto. En cualquier caso, retírese en buenos términos. Lo que menos necesita es dejar una mala impresión. Sea respetuoso, no levante la voz o se ponga agresivo. Antes de irse, agradézcale al entrevistador por el tiempo que le ha dedicado.

Mensaje de Aliento

Los inmigrantes latinos que buscan trabajo deben sacar ventaja de todos sus rasgos positivos. Piense en lo siguiente: usted es valiente, perseverante, es un buen trabajador y está dispuesto a hacer lo que haya que hacer. Además tiene una enorme ventaja: habla el idioma de 40 millones de personas—una habilidad que la mayoría de los norteamericanos no tiene.

Ahora que comienza a buscar trabajo en Estados Unidos, tenga bien presentes estas cualidades. ¡Buena suerte!

El Autor

Mariela Dabbah nació en Buenos Aires, Argentina. Es Licenciada en Filosofía y Letras de la Universidad de Buenos Aires. Ha vivido en New York desde 1988, donde por doce años fue la dueña de una compañía distribuidora de libros educativos bilingües. Además, ella ha desarrollado numerosos programas educativos para adultos. Actualmente, la licenciada Dabbah, tiene su propia firma consultora que ofrece programas de español para empresas y organizaciones. Asimismo, en las universidades locales comunitarias, enseña el curso "Cómo conseguir trabajo."

Mariela sufrió en carne propia muchos de los obstáculos que sobrellevan día a día aquellos que quieren vivir en forma permanente en los Estados Unidos.

Esta escritora de libros de ficción y ganadora de premios vive en Westchester, New York. Usted puede contactarse con ella a través del Internet:

Mariela.dabbah@verizon.net